ITALIANO • *TEDESCO* - ITALIENISCH • DEUTSCH

LIBRO BILINGUE - ZWEISPRACHIGES BUCH

AF551373

Emilio Esbardo

Racconti sotto le stelle
Geschichten unter Sternen

Copyright © 2021 Pensieri&Confronti Editore
Trelleborger Straße 17, 13189 Berlin
Stampa / Druck: BoD - Norderstedt

ISBN: 978-3-948473-04-4

www.emilioesbardo.com
www.pensierieconfronti.com
www.ilnuovoberlinese.com

Prima edizione bilingue italiano/tedesco: 2021
(Pensieri&Confronti Editore, Germania)
Composizione fotografica della copertina: Emilio Esbardo
Foto di quarta di copertina: Jonathan Borba / Unsplash
Disegni: Ryan Derfler
Ogni riferimento a fatti, cose e persone realmente esistenti è da ritenersi puramente casuale

Erste Auflage der zweisprachigen Ausgabe Italienisch/Deutsch: 2021 (Pensieri&Confronti Verlag, Deutschland)
Gestaltung des Coverfotos: Emilio Esbardo
Foto auf der vierten Umschlagsseite: Jonathan Borba / Unsplash
Zeichnungen: Ryan Derfler
Jede Ähnlichkeit mit Tatsachen, lebenden oder toten Personen ist rein zufällig

Prefazione - Vorwort

Dietro ogni linguaggio esiste una cultura singolare; una voce che comunica il ritmo di una specifica vita. Per me e per il mio linguaggio è la cultura dell'Italia meridionale. Questi racconti tradotti da me, il loro autore, mantengono in tedesco l'impronta dell'italiano regionale. Spero che i lettori tedeschi, leggendoli, possano udire il modo di parlare degli italiani.

Emilio Esbardo

Hinter jeder Sprache steckt eine einzigartige Kultur; eine Stimme, die den Rhythmus eines gewissen Lebens kommuniziert. Diese von mir geschriebenen und übersetzten Geschichten sollen den Charakter des regionalen Italienischen auf Deutsch beibehalten. Ich hoffe, dass der deutschsprachige Leser die Art und Weise, wie Italiener sprechen, nachfühlen kann. Für mich und für meine Sprache ist es die Kultur Süditaliens.

Emilio Esbardo

Indice - Inhalt

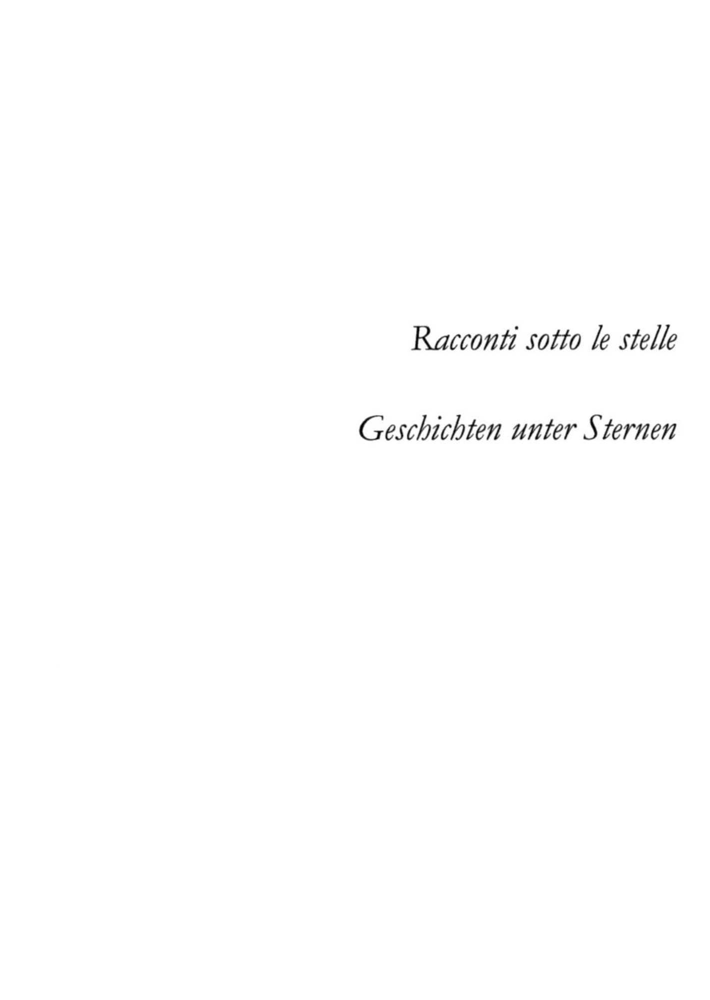

Racconti sotto le stelle

Geschichten unter Sternen

Introduzione

E' questo il genere di cose di cui mi piace scrivere.
Storie, storie di ogni tipo che mi sono accadute o di cui ne sono stato testimone o di cui mi hanno raccontato.
Ho trascorso un periodo difficile della mia vita:
la mia avventura-disavventura con una ragazza di cui non voglio parlare, le cattive condizioni di salute di mio padre, piccoli problemi all'università e nella vita di tutti i giorni.
Adesso però posso dirmi una persona allegra.
La deliziosa sensazione dello scrivere e Valerie, una francesina da poco conosciuta, hanno contribuito alla mia presente felicità.
Ho sentito il bisogno di riempire fogli di carta con racconti, qui sulla terrazza del mio appartamento, il sole primaverile sul viso, una sigaretta, musica jazz e l'attesa dei miei incontri con Valerie.
Desideravo trascorrere ogni sera con la ragazza che amavo.

Einführung

Über solche Dinge schreibe ich gerne:
Geschichten, Geschichten aller Art, die mir passiert sind oder wo ich selbst Zeitzeuge war oder die mir erzählt worden sind.
Ich hatte eine schwierige Zeit in meinem Leben:
Mein Abenteuer-Missgeschick mit einem Mädchen, über das ich nicht sprechen möchte, die schlechte Gesundheit meines Vaters, kleine Probleme an der Universität und im Alltag.
Aber jetzt kann ich mich eine fröhliche Person nennen.
Das entzückende Gefühl des Schreibens und Valerie, ein französisches Mädel, das ich vor kurzem kennengelernt habe, haben zu meinem gegenwärtigen Glück beigetragen.
Ich hatte das Bedürfnis, Blätter mit Geschichten zu füllen, hier auf der Terrasse meiner Wohnung, die Frühlingssonne im Gesicht, eine Zigarette, Jazzmusik und in Erwartung meiner Treffen mit Valerie.
Ich wollte jede Nacht mit dem Mädchen verbringen, das ich liebte.

Passeggiare mano nella mano per sentieri di montagna, giungere ad un pendio, stanchi ma felici ed il panorama aperto ai nostri sguardi curiosi.
Godere dell'aria calda del giorno e di notte lasciarci guidare dal chiarore della luna in città, in qualche ristorante, affamati.
Lei era esattamente l'ideale di quello che una donna dovrebbe essere, bella, gentile, divertente.
Inoltre era dotata di quel pizzico di spontaneità e ingenuità che fanno uscir di testa qualsiasi uomo.
L'amore è un argomento bellissimo di cui trattare e qualcosa di semplicemente insostituibile nella realtà.
E' l'amore stesso che ti insegna a scrivere.
Il mio rapporto con Valerie era rimasto finora solo platonico.
Nessun rapporto fisico.
Ero così soddisfatto di questa mia nuova piacevole situazione che avevo paura di rovinare tutto.
E un'altra sera trascorreva in compagnia di lei.
Ma questa volta pensai che avrei dovuto baciarla, la notte era dietro l'angolo, la strinsi forte a me.
Il suo respiro era dolce e piacevole ed è là accanto al torrente dell'acqua cristallina che le mie labbra si posarono sulle sue.
Lei era meravigliosa.
Quell'attimo era meraviglioso.
Il rosso del tramonto ci avvolgeva e il forte odore del bosco s'impossessava dei miei sensi.

Hand in Hand auf Bergpfaden spazieren gehen, müde, aber glücklich einen Gipfel erreichen und das Panorama, das sich unseren neugierigen Augen öffnet.
Die warme Luft des Tages zu genießen und sich hungrig nachts vom Mondlicht in die Stadt in ein Restaurant entführen lassen.
Sie war genau das Ideal dessen, was eine Frau sein sollte, schön, nett, lustig.
Außerdem hatte sie diese nicht übertriebene Spontanität und Naivität, die jeden Mann schwindelig macht.
Liebe ist ein wunderschönes Thema. Etwas, das in der Realität einfach unersetzlich ist.
Es ist die Liebe selbst, die einem beibringt, wie man schreiben kann.
Meine Beziehung zu Valerie war bisher nur platonisch gewesen.
Kein körperlicher Verkehr.
Ich war mit meiner neuen angenehmen Situation so zufrieden, dass ich Angst hatte, alles zu ruinieren.
Und als ich einen weiteren Abend in ihrer Gesellschaft verbrachte, dachte ich, ich hätte sie küssen sollen; die Nacht stand vor der Tür. Ich drückte sie fest an mich.
Ihr Atem war süß und angenehm und neben dem kristallklaren Wasserstrom ruhten meine Lippen auf ihren.
Sie war wunderbar.
Dieser Moment war wunderbar.
Das Rot des Sonnenuntergangs umhüllte uns, der starke Geruch des Waldes raubte mir die Sinne.

Lentamente e impercettibilmente, senza annunciarsi, la notte giunse, chiara e fredda.
Mi venne in mente il paesaggio di tende circondato da pini nel campo scout quand'ero ancora un ragazzetto.
E cominciavo inconsapevolmente a ricordare l'odore dei numerosi racconti accanto al fuoco sotto le gelidi e splendenti stelle.
Racconti che si sono tramutati in nostalgia di quel mio tempo trascorso e che spero regalino momenti di spensieratezza a chiunque li condividerà con me leggendoli.

Quella notte io e Valerie facemmo l'amore.

Langsam und unmerklich, ohne sich zu melden, kam die Nacht klar und kalt.
Ich erinnerte mich an die Landschaft von Zelten, die von Kiefern umgeben waren, als ich noch ein Bub war.
Und unbewusst begann ich mich an den Geruch der zahlreichen Geschichten am Feuer unter den kalten und leuchtenden Sternen zu erinnern.
Geschichten, die von meiner vergangenen Zeit erzählen und sich in verklärende Nostalgie verwandelt haben. Ich hoffe, dass diese Erzählungen dem Leser Momente der Unbeschwertheit geben.

In dieser Nacht schliefen ich und Valerie zusammen.

Il sorriso di Mario

Nel mio piccolo paesino meridionale non mancava assolutamente nulla.
Non esisteva la povertà.
Qualcuno forse viveva di stenti ma nessuno, proprio nessuno, era sfornito di un pezzo di pane e di un bicchiere di vino.
C'erano quattro o cinque chiese, dove si recavano dolmenicamente le signore.
C'erano un paio di bar, dove i mariti delle signore devote facevano voto di fede al gioco delle carte.
Il fumo che circolava in questi locali mi rimarrà per sempre impresso nella memoria tra i ricordi della mia infanzia.
Le strade che circondavano la piccola piazza erano affollate da auto di ragazzi annoiati che «rullavano» all'infinito con l'aspettativa, che chissà, potesse accadere qualcosa di «speciale».
Questo, ad essere onesto, era l'unico passatempo per i giovani.
Di sera, dopo le sette, era impossibile incontrare ragazze.
E naturalmente ciò ne esasperava il desiderio.
Di notte uscivo col mio amico Mario e con mio cugino Nicola.

Marios Lächeln

In meinem kleinen Dorf in Süditalien fehlte nichts.
Es gab keine Armut.
Vielleicht lebte jemand in Not, aber niemand, absolut niemand, war ohne ein Stück Brot und ein Glas Wein.
Es gab vier oder fünf Kirchen. Sonntags gingen die Frauen hingebungsvoll zum Gottesdienst.
Es gab einige Bars, in denen ihre Ehemänner ein Vertrauensgelübde zum Kartenspiel ablegten.
Der Rauch, der in diesen Räumen zirkulierte, wird für immer in meinen Kindheitserinnerungen bleiben.
Die Straßen rund um den kleinen Platz waren voll von Autos gelangweilter Jungen, die endlos in der Erwartung fuhren, dass - wer weiß - etwas »Besonderes« passieren könnte.
Dies war, um ehrlich zu sein, der einzige Zeitvertreib für junge Leute.
Abends nach sieben war es unmöglich, Mädchen zu treffen.
Und das vergrößerte natürlich das Begehren.
Nachts ging ich mit meinem Freund Mario und meinem Vetter Nicola aus.

Ora, dovete sapere, che Nicola era talmente bello da essere corteggiato da tante ragazze con le quali aveva costantemente delle avventure.
Il suo metro e ottanta di altezza, il fisico prestante, gli occhi verdi e i capelli castani riuscivano ad abbattere le forti inibizioni sessuali delle donne, dovute alla soffocante ed esasperante pressione cattolica nel meridione.
Ma a proposito di donne, mio cugino ripeteva spesso la frase:
«Io acchiappo sempre, però ogni volta che sono con Mario vado in bianco e non ne comprendo il motivo».
Naturalmente anche Mario andava in bianco, non soltanto quando era con Nicola, ma nella maggior parte dei casi: aveva passeggiato per due anni con Francesca Franceschini.
Una ragazza bruttina che non parlava quasi mai e rideva sempre.
E fu solo delle belle risate ciò che Mario ricevette.

ah, ah, ah...

Un pomeriggio estivo del 1993 io, Nicola e Mario fummo così fortunati da ritrovarci in macchina insieme ad altre tre ragazze.
Mario era al volante e Sonia e Marcella condividevano il sedile anteriore.
Cinzia sedeva tra me e Nicola nel sedile posteriore.

Nun müsst ihr wissen, dass Nicola so gutaussehend war, dass er von vielen Mädchen umworben wurde und mit ihnen ständig Abenteuer hatte.
Der katholische Druck in Süditalien war erstickend und unerträglich. Nicolas Größe von 1,80 Meter, sein toller Körper, seine grünen Augen und sein braunes Haar konnten die sexuellen Hemmungen der Frauen abbauen.
Aber bezüglich Frauen wiederholte mein Vetter oft den Satz:
»Ich mache immer Mädels an und habe immer Erfolg. Aber wenn ich mit Mario zusammen bin, werde ich auf Eis gelegt, und ich kann nicht verstehen warum.«
Es gibt keine Erklärung dafür. Denn natürlich wurde auch Mario auf Eis gelegt, nicht nur wenn er mit Nicola zusammen war, sondern überhaupt in den meisten Fällen: Er war zwei Jahre lang hinter Francesca Franceschini hergelaufen.
Ein hässliches Mädchen, das kaum ein Wort sprach und immerzu lachte.
Diese Lachen war alles, was Mario jemals erhielt.

ah, ah, ah...

An einem Sommernachmittag im Jahr 1993 hatten Mario, Nicola und ich das Glück, mit drei Mädchen im Auto zu sitzen.
Mario saß am Steuer, Sonia und Marcella teilten sich den Vordersitz.
Cinzia saß zwischen Nicola und mir auf dem Rücksitz.

Il luogo?
Una città di mare vicino al mio paese.
Incredibilmente successe che Sonia ci provasse con Mario e Mario, pensando alla notte che sarebbe giunta e alle «delizie» che avrebbe ricevuto, sorrise sommessamente.
Tutto stava accadendo così velocemente ed inaspettatamente.
La mano sinistra di Sonia si posò sulla gamba destra di Mario per salire lentamente e sensualmente ai suoi testicoli e dai testicoli alla punta del membro, già al massimo della sua erezione.
«E dimmi un po' Soniuccia, cosa fai di bello nella vita?», chiese Mario con un sorriso sempre più ampio.
«Allevo pipistrelli. Sono una Dark», rispose Soniuccia con un sorriso a novanta gradi.
La mano destra di Mario sulla punta del suo membro, di nuovo moscio, fino a scendere giù ai testicoli, tastandoseli ripetutamente in segno di scongiuro.
Riaccompagnammo le tre ragazze a casa mentre giungeva la notte e con essa un sorriso.
Il sorriso di tenebra di Mario.

ah, ah, ah...

Der Ort?
Irgendeine Küstenstadt in der Nähe meines Dorfes.
Erstaunlicherweise geschah es, dass Sonja mit Mario flirtete. Die Erwartung der Freuden an die kommende Nacht ließen ihn sanft lächeln.
Alles ging so schnell und unerwartet.
Sonias linke Hand ruhte auf Marios rechtem Bein, wanderte langsam und sinnlich zu seinen Hoden und von den Hoden bis zur Spitze seines Penis, der bereits auf dem Höhepunkt seiner Erektion war.
»Und sag mir, kleine Sonia, was machst du im Leben?«, fragte Mario verschmitzt.
»Ich ziehe Fledermäuse auf. Ich bin eine Dark Lady«, antwortete die kleine Sonia mit breitem Grinsen.
Marios rechte Hand, die auf der Spitze seines Geschlechtsteils lag, das übrigens wieder schlaff wurde, ging runter bis auf seine Hoden. Er tastete sie mehrmals ab, als ob er den Knopf eines Schornsteinfegers berührte. Die eigenen Hoden abzutasten, gilt in Italien als Ritual zur Abwehr des bösen Blicks.
Wir brachten die drei Mädchen nach Hause zurück, als die Nacht kam – und mit ihr ein Lächeln. Es war Marios finsteres Lächeln.

ah, ah, ah ...

Due amanti perfetti

«Se tu guardi, guardo anch'io», disse la prima stella.
«Io sono la stella e il lieve bagliore sulla terra che illumina questa perfetta e sconosciuta e nuda donna», disse la seconda stella.
«Io sono la stella e il lieve bagliore sulla terra che illumina questo perfetto e sconosciuto e nudo uomo», disse la terza stella.
La luna, gelosa, divenne più splendida nel suo splendore ed in coro con le stelle intonò questa canzone.

Noi rappresentiamo la notte perfetta tra due perfetti amanti.
Laggiù in quel lontano ed incantato pianeta, una fanciulla sconosciuta sta per congiungersi ad un uomo sconosciuto.
Vedrai...
Tra il tintinnio della natura e il sospirare di vite estranee nello spazio...
Il nostro fuoco non è altro che la trasmissione
delle emozioni che riceviamo dall'infuocata unione di questi perfetti amanti di questa notte perfetta.
Vedrai...
Sarà bello...

Zwei perfekte Liebhaber

»Wenn du schaust, schaue ich auch«, sagte der erste Stern.
»Ich bin der Stern und das leichte Leuchten auf der Erde, das diese perfekte und unbekannte nackte Frau erleuchtet«, sagte der zweite Stern.
»Ich bin der Stern und das leichte Leuchten auf der Erde, das diesen perfekten und unbekannten und nackten Mann erleuchtet«, sagte der dritte Stern.
Der eifersüchtige Mond wurde in seiner Pracht prächtiger und im Chor mit den Sternen sang er dieses Lied.

Wir repräsentieren die perfekte Nacht zwischen zwei perfekten Liebhabern.
Dort drüben auf diesem fernen und verzauberten Planeten vereint sich ein unbekanntes Mädchen mit einem unbekannten Mann.
Du wirst sehen...
Zwischen dem Geräusch von Natur und dem Seufzen von Außerirdischen im Weltraum ...
Unser Feuer ist nichts anderes als die Übertragung
von den Emotionen, die wir von der feurigen Vereinigung dieser perfekten Liebhaber dieser perfekten Nacht erhalten.
Du wirst sehen...
Es wird schön sein...

Nonostante il sole fosse tramontato da parecchie ore faceva un caldo tremendo.
Come ogni notte estiva d'agosto, da quattro anni, intraprese una delle abitudinarie passeggiate solitarie.
Soffiava un lieve tiepido vento e il suono metallico delle minuscole onde rimbombava nelle sue orecchie.
Era giunta in un punto dove poteva osservare l'immensità del mare ed una gigantesca roccia proprio nel mezzo.
Essa, con la sua cima appuntita, sembrava un dito che si erigeva verso il cielo.
Il gran fracasso del giorno apparteneva ad un'altra epoca.
Con la coda dell'occhio ella vide un bel ragazzo solitario avventurarsi in quell'ora tarda, alla scoperta del regno delle tenebre che spazza via le brutture del giorno e ci concede di sognare un mondo più bello, a nostra misura, secondo i nostri desideri più nascosti.
Era uno di quei momenti che ti aspetti in ogni istante, che attendi al varco per tutta una vita.
L'atmosfera era come incantata e una misteriosa canzone si levava nell'aria.

Noi rappresentiamo la notte perfetta tra due perfetti amanti.
Laggiù in quel lontano ed incantato pianeta, una fanciulla sconosciuta sta per congiungersi ad un uomo sconosciuto.
Vedrai...

Obwohl die Sonne vor mehreren Stunden untergegangen war, war es furchtbar heiß.
Wie seit vier Jahren jede Sommernacht im August machte sie einen ihrer einsamen Spaziergänge.
Ein milder warmer Wind wehte, und das metallische Geräusch der winzigen Wellen hallte in ihren Ohren wider.
Sie war an einem Punkt angelangt, an dem sie die Unermesslichkeit des Meeres beobachten konnte, in der Mitte ein riesiger Felsen.
Mit seiner scharfen Spitze sah er wie ein Finger aus, der zum Himmel zeigte.
Der große Lärm des Tages gehörte einer anderen Epoche an.
Aus den Augenwinkeln sah sie einen hübschen Jungen, der sich einsam in diese späte Stunde wagte, um das Königreich der Dunkelheit zu entdecken, das die Hässlichkeit des Tages hinwegfegt und uns ermöglicht, nach unseren versteckten Wünschen von einer schöneren Welt zu träumen.
Es war einer dieser Momente, die man stets erwartet und die ein Leben lang vor uns liegen.
Die Stimmung war wie verzaubert, und ein geheimnisvolles Lied stieg in die Luft.

Wir repräsentieren die perfekte Nacht zwischen zwei perfekten Liebhabern.
Dort drüben auf diesem fernen und verzauberten Planeten vereint sich ein unbekanntes Mädchen mit einem unbekannten Mann.
Du wirst sehen...

Tra il tintinnio della natura e il sospirare di vite estranee nello spazio...
Il nostro fuoco non è altro che la trasmissione delle emozioni che riceviamo dalla infuocata unione di questi perfetti amanti di questa notte perfetta.
Vedrai...
Sarà bello...

Si immerse in acqua per nuotare verso la roccia e là scorse una grotta segreta. Vi si accucciò all'interno, scossa da brividi.
Il caldo l'asciugò in un istante, lasciandole addosso il gusto del sale.
Il cuore le batteva forte. Non avrebbe saputo descrivere come, ma sentiva un'infinità di baci che le ricoprivano il corpo estasiato.
Baci dappertutto.
Così aspettò finche un vero bacio le sfiorò prima le spalle, poi il collo, poi le labbra.
Essi si susseguirono all'impazzata e ad un ritmo sempre più veloce.
Per un momento cercò di parlare.
Ma nessuna parola le uscì di bocca e ciò che provò tra le braccia di questo completo sconosciuto è, e sarà per sempre inesprimibile, indescrivibile.

«Se tu guardi, guardo anch'io», disse la prima stella.
«Io sono la stella e il lieve bagliore che illumina questa perfetta e sconosciuta e nuda donna», disse la seconda stella.

Zwischen dem Geräusch von Natur und dem Seufzen von Außerirdischen im Weltraum ...
Unser Feuer ist nichts anderes als die Übertragung
von den Emotionen, die wir von der feurigen Vereinigung dieser perfekten Liebhaber dieser perfekten Nacht erhalten.
Du wirst sehen...
Es wird schön sein ...

Sie tauchte ins Wasser, um bis zum Felsen zu schwimmen, wo sie eine geheime Höhle erblickte. Sie duckte sich innerlich, erschüttert von Schaudern und Zittern.
Die Hitze trocknete sie augenblicklich und hinterließ den Geschmack von Salz auf ihr.
Ihr Herz schlug heftig. Sie hätte nicht beschreiben können, wie, aber sie fühlte eine Unendlichkeit von Küssen, die ihren ekstatischen Körper bedeckten.
Überall Küsse.
Also wartete sie darauf, bis ein echter Kuss zuerst ihre Schultern, dann ihren Nacken und schließlich ihre Lippen berührte.
Die folgten ununterbrochen und immer schneller.
Für einen Moment versuchte sie zu sprechen.
Aber aus ihrem Mund kamen keine Worte. Und was sie in den Armen dieses völlig Fremden fühlte, ist und bleibt für immer unsäglich, unbeschreiblich.

»Wenn du schaust, schaue ich auch«, sagte der erste Stern.
»Ich bin der Stern und das leichte Leuchten auf der Erde, das diese perfekte und unbekannte nackte Frau erleuchtet«, sagte der zweite Stern.

«Io sono la stella e il lieve bagliore sulla terra che illumina questo perfetto e sconosciuto uomo», disse la terza stella.
La luna, gelosa, divenne più splendida nel suo splendore ed in coro con le stelle intonò una canzone per i due perfetti sconosciuti amanti di questa perfetta calda notte estiva...

»Ich bin der Stern und das leichte Leuchten auf der Erde, das diesen perfekten und unbekannten und nackten Mann erleuchtet«, sagte der dritte Stern.
Der eifersüchtige Mond wurde in seiner Pracht prächtiger und im Chor mit den Sternen sang er dieses Lied.

Amore sotto le stelle

Sul suo volto appariva la freschezza e l'entusiasmo della gioventù.
Proveniva da New Orleans, la più grande città dello Stato della Louisiana, famosa per il folcloristico carnevale.
New Orleans, città baciata dal Missisippi.
New Orleans e il «Vieux Carrè», suo centro storico di stampo francese, riconoscibile dagli edifici vecchi, i cortili dotati di fontane, i balconi di ferro, i portici e i tetti rossi.
E «Bourbon Street», dove i neri unendosi ai creoli all'inizio del XIX secolo diedero origine al jazz.
Si leggeva sul suo volto la voglia di avventura, voglia di conoscere la vita sotto tutti gli aspetti, di cibarsi di tutti i piaceri che essa può offrire.
Era un ragazzo pratico.
E così invece di abbandonare i suoi desideri, le sue aspettative nel cassetto dei sogni, si mise a lavorare.
A lavorare duramente.

Liebe unter Sternen

Sein Gesicht zeigte die Frische und die Begeisterung der Jugend.
Er kam aus New Orleans, der größten Stadt im Bundesstaat Louisiana, die für ihren folkloristischen Karneval bekannt ist.
New Orleans, die Stadt, die vom Mississippi geküsst wird.
New Orleans und das »Vieux Carrè«, sein historisches Zentrum im französischen Stil, erkennbar an den alten Gebäuden, den Innenhöfen mit Springbrunnen, den Eisenbalkonen, den Arkaden und den roten Dächern.
Und »Bourbon Street«, wo der Jazz entstand, indem sich zu Beginn des 19. Jahrhunderts die Afroamerikaner mit den Kreolen vereinten.
Man konnte auf seinem Gesicht den Wunsch nach Abenteuer ablesen, den Wunsch, das Leben in all seinen Aspekten kennenzulernen und sich von allen Freuden zu ernähren, die es zu bieten hat.
Er war ein pragmatischer Typ.
Und anstatt seine Wünsche, seine Erwartungen in der Schublade der Träume zu hinterlegen, begann er zu arbeiten.
Er arbeitete hart.

Riusciva ad ottenere tutto ciò che voleva, non solo grazie alle sue abilità, già dichiaratamente spiccate ma anche grazie alla sua bellezza che colpiva e assoggettava le persone.
Aveva intenzione di intraprendere un viaggio.
Attraversare migliaia di miglia di oceano per raggiungere l'Italia.
Il «Bel Paese».
Poter toccare direttamente con mano, tastare il fascino, la passione, il romanticismo che poteva donargli la nostra nazione.
Perugia, è qui che feci la conoscenza di Jack.

Perugia e la sua fontana e le stelle che si stagliano con il loro splendore sull'urbe medievale.

Amore.
L'Amore con la A maiuscola.
Un brivido sulla pelle di Jack.
La brama da soddisfare.
L'ingordigia da placare.

Ciò che mi colpì in lui fu la sua grande curiosità.
Divorò i numerosi libri in inglese che possedevo.
La sua conoscenza dell'italiano era ancora scarsa.
Sotto lo sguardo eccitato passarono romanzi di Jack Kerouac, Frank McCourt, Thomas Harris, Charles Bukowski, Jack London, Joseph Conrad, etc, etc...

Er konnte alles bekommen, was er wollte, nicht nur dank seiner Fähigkeiten, die zugegebenermaßen bereits herausragend waren, sondern auch dank seiner Schönheit, die die Menschen beeindruckte, ja einschüchterte.
Er hatte vor, auf eine Reise zu gehen.
Tausende von Kilometern des Ozeans zu überqueren, um Italien zu erreichen.
»La Bella Italia« - Das schöne Italien.
In der Lage zu sein, persönlich den Charme, die Leidenschaft, die Romantik zu berühren und alles zu spüren, was unsere Nation ihm geben könnte.
Perugia, hier habe ich Jack getroffen.

Perugia und sein Brunnen und die Sterne, die sich durch ihre Pracht in der mittelalterlichen Stadt auszeichnen.

Liebe.
Liebe mit einem Buchstaben A wie Amore.
Ein Schauer auf Jacks Haut.
Das Verlangen zu befriedigen.
Die Gier zu besänftigen.

Was mich an ihm beeindruckt hat, war seine große Neugier.
Er verschlang die vielen englischen Bücher, die ich besaß. Seine Italienischkenntnisse waren immer noch schlecht.
Sein unruhiger Blick fiel auf Romane von Jack Kerouac, Frank McCourt, Thomas Harris, Charles Bukowski, Jack London, Joseph Conrad und anderen.

La notte apparteneva ai più disparati godimenti.
Lo introdussi ai migliori vini italiani e francesi mentre lui mi insegnò ad apprezzare il whisky.
La bellezza di Jack era accentuatamente holliwoodiana, occhi azzurri, capelli biondi, corti, quasi a spazzola, gettati all'indietro.

Ann.
Anche Ann giunse in Italia per tastare il fascino, la passione, il romanticismo che poteva donargli la nostra nazione.

Amore.
L'Amore con la A maiuscola.
Un brivido sulla pelle di Ann.
La brama da soddisfare.
L'ingordigia da placare.

E Perugia e la sua fontana e le stelle che si stagliano con il loro splendore sull'urbe medievale.

Fu per capriccio del caso che Ann e Jack abitarono nello stesso appartamento in via Bella a Porta Pesa.
Entrambi pagavano l'affitto per una stanza doppia.
In camera con Jack, Jim di Chicago.
Con Ann, Mary di Los Angeles.
Ann aveva gli occhi azzurri e i capelli biondi e il suo viso non destava particolare interesse.
A causa del suo aspetto non veniva accettata dagli altri.

Die Nacht bot ihm die unterschiedlichsten Genüsse.
Ich stellte ihm die besten italienischen und französischen Weine vor, während er mir beibrachte, Whisky zu schätzen.
Jacks Schönheit war Hollywood-tauglich, blaue Augen, blondes Haar, kurz, fast ein Bürstenschnitt, zurückgekämmt.

Ann.
Auch Ann kam nach Italien, um den Charme, die Leidenschaft und die Romantik zu spüren, die unsere Nation ihr geben konnte.

Liebe.
Liebe mit einem Buchstaben A wie Amore.
Ein Schauer auf Anns Haut.
Das Verlangen zu befriedigen.
Die Gier zu besänftigen.

Und Perugia und sein Brunnen und die Sterne, die sich durch ihre Pracht in der mittelalterlichen Stadt auszeichnen.

Es war ein launischer Zufall, dass Ann und Jack in derselben Wohnung in der Via Bella in Porta Pesa lebten.
Beide mieteten je ein Doppelzimmer.
Im Zimmer mit Jack lebte Jim aus Chicago.
In Anns Zimmer Mary aus Los Angeles.
Ann hatte blaue Augen und blondes Haar. Ihr Gesicht war nicht besonders interessant.
Wegen ihres Aussehens wurde sie von anderen nicht beachtet.

Eppure era una ragazza sensibile e simpatica.
Non è bello essere solo con pensieri lugubri.
Il dolore è atroce.
E Ann negli Stati Uniti si era sempre isolata.
Spesso forti sentimenti masochistici afferravano la sua mente.
Con monotona regolarità, con tutta la spietatezza e il ribrezzo verso se stessa, si procurava dei tagli alla vagina con dei coltelli.
E il dottore un brutto giorno l'ammonì di portare a termine questa tortura, in gioco la sopravvivenza.
Soprattutto, per un certo periodo di tempo, non avrebbe dovuto fare sesso perché le ferite si sarebbero riaperte durante l'atto, con conseguente pericolo di emorragia.
La vita sembrava ghignare contro di lei e fu invasa da una grande paura.
Era realmente un tormento non riuscire ad emanare il fascino sottile delle donne.
Fu colta da un'ansia sempre maggiore, finché decise di partire per l'Italia.
Fu dunque per capriccio del caso che Ann e Jack abitarono nello stesso appartamento.
E sempre per capriccio del caso che Ann si innamorò di Jack.
«Ann!!!», disse Jim, «Ann, non ho mai incontrato una ragazza così brutta e antipatica. E tu Jack?».

Trotzdem war sie ein sensibles und nettes Mädchen.
Es ist nicht gut, mit düsteren Gedanken allein zu sein.
Der Schmerz kann unerträglich sein.
Und in den USA hatte sich Ann immer isoliert.
Starke masochistische Gefühle ergriffen oft ihren Geist.
Mit eintöniger Regelmäßigkeit, mit all der Rücksichtslosigkeit und dem Ekel gegen sich selbst schnitt sie sich mit Messern ihre Vagina auf.
Und an einem Tag, an dem es ganz schlimm war, warnte der Arzt und mahnte sie, diese Folter aufzuhören. Ihr Leben stand auf dem Spiel.
Vor allem sollte sie für einen bestimmten Zeitraum keinen Sex haben, da sich die Wunden während des Aktes wieder öffnen würden und Blutungen auftreten könnten.
Das Leben schien sie anzugrinsen, sie war voller großer Angst.
Es war wirklich eine Qual, als Frau den subtilen Charme nicht ausstrahlen zu können.
Sie wurde von Panik erfasst – und entschied sich, nach Italien zu gehen.
Es war also ein launischer Zufall, dass Ann und Jack in derselben Wohnung lebten.
Und es war auch launischer Zufall, dass sich Ann in Jack verliebte.
»Ann !!!«, sagte Jim, »Ann, ich habe noch nie ein so hässliches und böses Mädchen getroffen. Und du Jack?«

Il giovane americano prese una bottiglia di whisky e la sistemò insieme a tre bicchierini sul tavolo della cucina.
Non ci aspettavamo una risposta, poiché Jack con una occhiata di disprezzo ci lasciò intendere tutto.
«Mangia qualsiasi cosa trova in casa e la maggior parte delle volte che ritorno da lezione rimango senza cibo.
E poi sempre con la cioccolata in bocca. E' un maiale, proprio un maiale«, continuò Jim.
Dopo aver trangugiato l'intera bottiglia di whisky, ubriachi andammo al *Joyce's.*
Una ragazza perugina rimase folgorata da Jack e gli diede il suo numero di telefono.
Da quella sera non lo vidi così spesso.
Il suo rapporto con Melania si faceva sempre più stretto.
«Ti ricordi quando la incontrai al *Joyce's* un paio di mesi fa?
Non mi importava molto di lei allora. Ma ci ho pensato molto. E' stata dolce con me. E poi perché sono venuto in Italia?
Per trovare il grande amore della mia vita, penso«, mi rivelò Jack, mentre in una mattinata nuvolosa passeggiavamo per Corso Vannucci.
«A parte quel ridicolo accento perugino, credo che tu abbia ragione, è carina, perché no?«, risposi.

Perugia e la sua fontana e le stelle che con il loro splendore illuminavano la camera da letto di Melania...

Der junge Amerikaner nahm eine Flasche Whisky und stellte sie zusammen mit drei Schnapsgläsern auf den Küchentisch.

Wir erwarteten keine Antwort, da Jack uns mit einem verächtlichen Blick alles verstehen ließ.

»Sie isst alles, was sie im Haus findet, und meistens, wenn ich vom Unterricht heimkomme, habe ich nichts mehr zu essen.

Und dann immer diese Schokolade im Mund! Sie ist ein Ferkel, wirklich ein Ferkel«, fuhr Jim fort.

Nachdem wir die ganze Flasche Whisky auf Ex getrunken hatten, gingen wir zu *Joyce's*.

Ein Mädchen aus Perugia verliebte sich über beide Ohren in Jack und gab ihm seine Telefonnummer.

Seit diesem Abend habe ich ihn nicht mehr so oft gesehen.

Seine Beziehung zu Melania wurde immer enger.

»Erinnerst du dich, als ich sie vor ein paar Monaten bei *Joyce's* getroffen habe?

Sie war mir damals nicht besonders wichtig. Aber ich habe viel darüber nachgedacht. Sie war süß mit mir. Und warum bin ich denn nach Italien gekommen? Um die große Liebe meines Lebens zu finden, denke ich«, verriet mir Jack, als wir an einem wolkigen Morgen den Corso Vannucci entlang spazierten.

»Abgesehen von diesem lächerlichen perugianischen Akzent, denke ich, dass du Recht hast, sie ist nett, warum nicht?«, antwortete ich.

Perugia und sein Brunnen und die Sterne, die Melanias Schlafzimmer mit ihrer Pracht beleuchteten ...

Jack la fissava.
«Grazie a Dio ho una tonnellata di sogni.
Aumentano sempre di più alla vista di questa terra romantica.
Italia!!!
Bella Italia!!!
Cosa darei adesso per essere disteso con te su una spiaggia deserta in Sicilia.
Ti rapirò un giorno, perché tu hai rapito il mio cuore.
E ti condurrò in una di quelle isole incantate dove il tempo sembra essersi fermato».
A questa dichiarazione il volto della bella ma giovane ed inesperta ragazza si dipinse di rosso.
Rosso di una immensa passione che aumentava istante dopo istante.
Gli occhi le splendevano come le stelle.
E come le stelle alcune volte sembrano appese al cielo, così Melania sembrava essere appesa al filo delle parole del suo amico americano.
A un certo punto le parole mancarono.
Il silenzio fece il suo ingresso in scena mentre gli sguardi tra di loro divennero sempre più penetranti fin quando si lanciarono l'uno tra le braccia dell'altro.
La conversazione cessò.
La battaglia tra i due amanti ebbe inizio.
La notte trascorreva sospinta dai loro gemiti.
La vita ha molti espedienti per convincere l'uomo della sua bellezza.
E il sesso tra due innamorati è uno di questi.

Jack starrte sie an.
»Gott sei Dank habe ich eine Menge Träume.
Sie nehmen beim Anblick dieses romantischen Landes immer mehr zu.
Italien!!!
Bella Italia - Wunderschönes Italien!!!
Was würde ich jetzt geben, um mit dir an einem einsamen Strand in Sizilien zu liegen?
Ich werde dich eines Tages entführen, weil du mein Herz entführt hast.
Und ich werde dich zu einer dieser verzauberten Inseln bringen, auf denen die Zeit stehen geblieben zu sein scheint.«
Bei dieser Liebeserklärung lief das Gesicht des schönen, aber jungen und unerfahrenen Mädchens rot an.
Rot mit einer immensen Leidenschaft, die von einem Augenblick zum anderen zunahm.
Ihre Augen leuchteten wie die Sterne.
Und so wie die Sterne manchmal vom Himmel zu hängen scheinen, schien Melania am Faden der Worte ihres amerikanischen Freund zu hängen.
Irgendwann fehlten die Worte.
Die Stille trat ein. Die Blicke zwischen ihnen wurden immer durchdringender. Sie fielen sich in die Arme.
Es gab nichts mehr zu reden.
Der Kampf zwischen den beiden Liebenden begann.
Die Nacht verging, getrieben von ihrem Stöhnen.
Das Leben hat viele Möglichkeiten, den Menschen von seiner Schönheit zu überzeugen.
Und Sex zwischen zwei Liebenden ist eine davon.

Fuori dalle quattro mura la notte era chiara, l'aria fresca e le strade di Perugia affollate.
Ma in quella stanza il resto del mondo era un mondo morto. Inesistente.
Le ore passarono velocemente.
Ed essi si concentrarono in un ultimo sforzo.
Ce la misero tutta.
E il risultato fu bellissimo.

Ann non era una bambina, aveva 21 anni ma non le era mai capitato di dover affrontare un dilemma così arduo. La questione era semplice:
La conservazione della vita o il piacere della vita.
Viverla questa benedetta vita!!!
Almeno per una volta.
Amare chi amava.
Si sarebbe unita a Jack.
Lo desiderava tanto.
Aveva tentato in tutti i modi di sedurlo ma non c'era stato niente da fare.
Aveva provato un sentimento di gelosia nei confronti di Melania fin dalle prime volte che l'aveva condotta nel loro appartamento.
Il LORO appartamento.
Ma questa volta si sarebbe presa una rivincita.
Avrebbe fatto l'amore con Jack.

Perugia e la sua fontana e le stelle che con il loro splendore illuminavano la camera di Jack...

Außerhalb der vier Wände waren die Nacht klar, die Luft frisch und die Straßen von Perugia überfüllt. Aber im Zimmer war der Rest der Welt wie tot. Inexistent.
Die Stunden vergingen schnell.
Und sie konzentrierten sich auf eine letzte Anstrengung.
Sie gaben ihr Bestes.
Und das Ergebnis war wunderschön.

Ann war kein Kind, sie war 21, aber sie hatte sich noch nie einem so schwierigen Dilemma stellen müssen. Die Frage war einfach:
Die Freude am Leben auszukosten oder am Leben zu bleiben.
Leben, dieses gesegnete Leben!!!
Zumindest einmal.
Lieben, wen sie liebte.
Sie würde mit Jack schlafen.
Sie wollte es so sehr.
Sie hatte alles versucht, ihn zu verführen, aber erfolglos.
Sie hatte von Anfang an ein Gefühl der Eifersucht gegenüber Melania verspürt, als er sie in ihre Wohnung gebracht hatte.
IHRE Wohnung.
Aber diesmal würde sie sich rächen.
Sie hätte mit Jack geschlafen.

Perugia und sein Brunnen und die Sterne, die Jacks Zimmer mit ihrer Pracht beleuchteten ...

Ann, perché di Ann si trattava, si distese a pancia in giù sul letto di Jack.
Jim se ne accorse e fece finta di niente.
Fu un momento tragico e disgustoso.
Il volto appoggiato al cuscino che lei mordeva corrosa dal piacere e il dito sulla clitoride.
Su e giù.
Dentro e fuori.
Già pentita della sua decisione improvvisa, ma troppo eccitata per fermarsi, continuò a sollazzarsi, cosciente del pericolo che incombeva su di lei.
In fondo cosa poteva importargliene?
Morte, ogni giorno che passa è un viaggio verso la morte.
A differenza di molte altre persone, per lei essa sarebbe giunta prima e in modo dolce.
E poi sarebbe stata lei a dare un appuntamento alla morte.
E non come capita ai più che la conoscono in un momento sbagliato, inaspettato, «lasciandoli senza fiato».
La giovane americana cominciò a gemere.
Con la fantasia si distese sopra Jack.
Ogni movimento del corpo era accompagnato da profondi respiri e dai *aaaaa*, *mmmmm*, *uuuuu* del suo coinquilino ed ora amante.
L'*oggetto* di Jack era caldo e piacevole e pieno di vita.
L'espressione incredula sul suo volto di donna lasciava trasparire che farlo con lui era molto più bello di quanto avesse potuto immaginare.

Ann, weil es Ann war, lag in Jacks Bett auf dem Bauch.
Jim sah das und tat so, als ob es nicht so wäre.
Es war ein tragischer, ein ekelhafter Moment.
Das Gesicht auf dem Kissen, in das sie biss, vom Vergnügen überwältigt, der Finger auf ihrer Klitoris.
Auf und ab.
Innen und außen.
Sie bereute bereits ihre plötzliche Entscheidung, war aber zu aufgewühlt, um aufzuhören, und amüsierte sich weiter. Sie war sich der tödlichen Gefahr bewusst, die über ihr drohte.
Schließlich war es ihr egal?
Der Tod – jeder Tag, der vergeht, ist eine Reise in Richtung Tod.
Im Gegensatz zu vielen anderen Menschen würde er für sie früher und süßer kommen.
Und dann würde sie diejenige sein, die dem Tod einen Termin vorschreibt.
Und nicht so, wie es den meisten Menschen passiert, die in einem falschen, unerwarteten Moment erwischt und »atemlos« gemacht werden.
Die junge Amerikanerin stöhnte.
In ihrer Fantasie lag sie auf Jack.
Jede Bewegung des Körpers wurde von tiefen Atemzügen und dem *aaaaa*, *mmmmm*, *uuuuu* ihres eingebildeten Mitbewohners und Geliebten begleitet.
Jacks bestes Stück war warm und angenehm und voller Leben.
Der verklärte Ausdruck ihres weiblichen Gesichts zeigte, dass es viel schöner war, es mit ihm zu tun, als sie sich hätte vorstellen können.

Ma quella era una sua fantasia, una fantasia che si era mescolata con la realtà.
Era dunque vero?!!!
La notte avanzava furtivamente.
Con l'aumentare del desiderio aumentò anche la pressione delle dita sul suo sesso.
E così le varie ferite che si era procurata in quei momenti autodistruttivi, si riaprirono e il sangue cominciò a sgorgare copiosamente.
Ann sentì che le forze stavano sciamando.
La parte inferiore del corpo era inutilizzabile.
Il biglietto di ritorno per gli Stati Uniti era nel comò della sua stanza.
Ma che utilità aveva adesso?
Non lo avrebbe più utilizzato.
E la cioccolata che le piaceva così tanto?
Era nel frigo.
Abbondante.
A saperlo l'avrebbe mangiata tutta già da un pezzo.
La camera fu invasa dall'odore di sangue e Ann capì che l'emorragia l'avrebbe presto uccisa.

Aber das war ihre Fantasie, eine Fantasie, die sich mit der Realität vermischt hatte.
War es dann wahr?!!!
Heimlich brach die Nacht herein.
Mit dem steigenden Verlangen nahm auch der Druck der Finger auf ihr Geschlecht zu.
Und so öffneten sich die verschiedenen Wunden, die sie sich in diesen selbstzerstörerischen Momenten zugezogen hatte. Das Blut begann reichlich zu sprudeln.
Ann spürte, wie die Kräfte schwanden.
Der Unterkörper war nicht mehr funktionsfähig.
Die Rückfahrkarte in die USA lag in der Kommode ihres Zimmers.
Aber wozu?
Sie würde sie nie wieder benutzen können.
Und was ist mit der Schokolade, die sie so sehr mochte?
Die war im Kühlschrank.
Reichlich.
Wenn sie es gewusst hätte, hätte sie die Schokolade schon vor langer Zeit aufgegessen.
Das Zimmer war erfüllt vom Geruch ihres Blutes.
Ann erkannte, dass die Hämorrhagie, das Ausbluten, sie bald töten würde.

Si sarebbe Jack commosso?
E cosa ne avrebbero pensato i suoi compagni alla Università per Stranieri?
«Dopo tutto ha fatto ciò che tutti noi facciamo», tra i commenti del giorno dopo.
Ma...
Shhh!!!
Jack le stava parlando!!!
Le sussurrava dolci frasi d'amore nell'orecchio.
ERA VERO.
NON ERA UN DELIRIO.
O FORSE SI?!!!
Una grande macchia nera si posò di fronte ai suoi occhi. Il respiro cessò senza che nessun altro gemito le uscisse di bocca.
Il freddo ed eterno silenzio diede pace a quel viso disprezzato dagli altri e da se stessa per 21 lunghi anni.

Perugia e la sua fontana erano ancora là e le stelle con il loro splendore continuavano ad illuminare la camera di Jack.
Esse concessero ad Ann di realizzare il suo sogno d'amore.
Anche se solo di sogno si trattò.
Anche se brutta, Ann provava emozioni e aveva desideri proprio come Jack, proprio come ognuno di noi.

Amore.
L'Amore con la A maiuscola.
Un brivido sulla pelle di Jack e Ann.
La brama da soddisfare.
L'ingordigia da placare.

Würde es Jack erschüttern? Würde er gerührt sein? Und was würden ihre Kommilitonen an der Universität für Ausländer darüber denken?
»Sie hat eigentlich nur getan, was wir alle tun«, heißt es in den Kommentaren am nächsten Tag.
Aber...
Pssst !!!
Jack hat mit ihr gesprochen !!!
Er flüsterte ihr süße Liebesphrasen ins Ohr.
ES WAR WAHR.
ES WAR KEIN DELIRIUM.
ODER VIELLEICHT DOCH?!!!
Ein großer schwarzer Fleck setzte sich in ihren Augen fest. Das Stöhnen aus ihrem Mund verstummte. Der Atem hörte auf.
Die kalte und ewige Stille verlieh diesem Gesicht Frieden, das 21 Jahre lang von anderen und von Ann selbst verachtet wurde.

Perugia und sein Brunnen waren immer noch da und die Sterne mit ihrer Pracht beleuchteten weiterhin Jacks Zimmer.
Sie erlaubten Ann, ihren Traum von Liebe zu erfüllen.
Auch wenn es nur ein Traum war.
Obwohl hässlich, hatte Ann Gefühle und Wünsche genauso wie Jack, genauso wie jeder von uns.

Liebe.
Liebe mit einem Buchstaben A wie Amore.
Ein Schauer auf Jacks und Anns Haut.
Das Verlangen zu befriedigen.
Die Gier zu besänftigen.

Ci sono luoghi, colori, odori, canzoni che condividi con la persona che tu ami e destinati a scomparire per l'inesauribile fluire del tempo.
Di notte li rievochiamo attraverso i sogni e sono belli.
Ancora più belli di come li abbiamo vissuti perché idealizzati.
Ci appartengono.
E se hai la capacità e fortuna di riuscire a ricostruirli in un mondo letterario, vivranno per sempre per te e per altri, grazie alla freschezza e alla nobiltà riservata allo scrittore.

a Valerie

Es gibt Orte, Farben, Gerüche, Lieder, die man mit der Person teilt, die man liebt und die aufgrund des unerschöpflichen Zeitflusses verschwinden werden.
Nachts erinnern wir uns an sie in unseren Träumen. Sie sind wunderschön.
Noch schöner, als wir sie erlebt haben, weil wir sie verklären.
Sie gehören uns.
Und wenn man die Fähigkeit und das Glück hat, sie in einer literarischen Welt wieder zum Leben zu erwecken, werden sie dank der Frische und der Veredelung, die dem Schriftsteller vorbehalten sind, für immer leben.

An Valerie

L'autostop

E sì, Francesca Franceschini si arrabbiava moltissimo quando Mario la chiamava Elena.
Il fatto è che nel momento in cui si ritrovava con Mario, così Mario affermava, Francesca si comportava come una grandissima troia...
L'estate si faceva sentire.
Disteso sotto l'ombrellone Mario percepiva il caldo.
Il suo corpo era in un bagno di sudore.
Pacifico e sereno osservava le persone in mare coi raggi del sole che scivolavano sul loro capo.
Disteso sotto l'ombrellone guardò Francesca e capì.

Era tempo d'amore.
Era tempo d'estate... mare... sale... follia...
Che bella la vita!!! Che bello sentirsi vivo!!!

Non vivere semplicemente ma assaggiare il gusto della vita.
Afferrarlo!!!
E lei, Francesca, così decise, avrebbe insaporito questa sua estate.

Trampen

Und ja, Francesca Franceschini wurde sehr wütend, als Mario sie Elena nannte. Jeder Italiener kennt Elena von Troia. Doch Troia ist auch das italienische Wort für Schlampe.
Tatsache ist, so behauptete zumindest Mario, dass Francesca sich wie eine tolle Schlampe benahm, als sie mit Mario zusammen war.
Der Sommer machte sich bemerkbar.
Mario lag unter dem Sonnenschirm und litt unter der Hitze. Sein Körper war schweißgebadet.
Gelassen beobachtete er die Menschen im Meer und die Sonnenstrahlen auf ihren Köpfen. Im Schutz des Sonnenschirms sah er Francesca an. Und verstand.

Es war die Zeit der Liebe.
Es war Sommer ... Meer ... Salz ... Wahnsinn ...
Wie wunderschön das Leben ist!!! Wie schön, sich lebendig zu fühlen !!!

Nicht nur leben, sondern einfach den Geschmack des Lebens genießen.
Voll aufzusaugen!!!
Und sie, Francesca, so entschied er, sollte seinen Sommer würzen.

E l'estate si faceva sentire.
Si annunciava con quel caldo tremendo.
Un ostacolo da sormontare era rappresentato da Carolina, la migliore amica di Francesca.
Alla quale Mario, incapace di farne a meno, le affibbiò dei soprannomi.
Non lo faceva per cattiveria, gli piaceva.
Così.
Senza malizia.
Per passione.
Ed è in tal modo che lei divenne Carolbass, a causa della statura.
Molto bassa.
Oppure Carolacchia, a causa dell'aspetto.
E bè, questo c'era da dirlo, Carolina era racchia.
Ma proprio racchia.
Studiava geografia all'università di Lecce.
Le due amiche non facevano altro che chiacchierare.
Chiacchiere, chiacchiere, chiacchiere sulla gente.
Sapevano tutto di tutti:
Le due comari di Windsor.
E Mario poveraccio, Falstaff.
Conoscete Falstaff, il grassone di Shakespeare che ne subisce di tutti i colori a causa delle due comari di Windsor?
Bastonate ed umiliazioni, ecco cosa ricevette.
E questo perché Falstaff voleva raggirare le due gentildonne.
Mario non era lì per prendersi gioco di Francesca, ma sesso con lei, bè, lo avrebbe fatto.
E volentieri anche.

Und der Sommer, er machte sich mit dieser enormen Hitze bemerkbar.
Ein Hindernis, das zu überwinden war, war Carolina, Francescas beste Freundin.
Mario konnte nicht darauf verzichten, ihr Spitznamen zu geben.
Er machte es nicht aus Bosheit, er mochte es.
Einfach so.
Ohne Feindseligkeit.
Aus Leidenschaft.
Und so wurde sie wegen ihrer Statur sie zu Klein-Carol.
Sehr klein.
Oder Carolhexe wegen ihres Aussehens.
Denn es muss gesagt werden, Carolina war echt hässlich wie eine Hexe.
Aber wirklich hässlich.
Sie studierte Geographie an der Uni von Lecce.
Die beiden Freundinnen plauderten die ganze Zeit.
Gerüchte, Gerüchte, Gerüchte über Menschen.
Sie wussten alles über alle:
Wie zwei alte Weiber von Windsor.
Und der arme Mario, Falstaff.
Kennt ihr Falstaff, der Dicke von Shakespeare, der wegen der beiden Frauen von Windsor unentwegt leidet?
Schläge und Demütigungen, das hat er bekommen.
Und das liegt daran, dass Falstaff die beiden Hofdamen betrügen wollte.
Eigentlich wollte Mario Francesca nicht auf den Arm nehmen. Sex mit ihr hätte er gerne gemacht.
Sehr gerne sogar.

UNA SANA SCOPATA.

O cenetta e scopatina, per essere più romantici.

Ma se credete che Francesca fosse così ingenua da lasciarsi abbindolare, vi sbagliate di grosso.

Dunque tutto cominciò male per Mario.

Eppure una notte, sotto lo sguardo delle compiaciute e ridenti stelle, essi giacevano sull'umida e scura spiaggia.

E la mano di Mario cominciò ad accarezzare le spalle di Francesca.

Non glielo aveva mai permesso.

E la sua mano cominciò poi ad esplorare i seni, i cui capezzoli erano diventati duri.

Adesso le accarezzava l'ombelico.

Com'era strano che lei non lo respingesse.

Eppure era vero.

Quando lui tentò di baciarla, lei non si oppose, anzi lo invogliò a farlo con la lingua.

E l'estate si faceva sentire.

Si annunciava con quel caldo tremendo.

Nel frattempo la sua mano giunse ad esplorare il pelo della fanciulla.

Non l'avrebbe mai creduto.

Almeno per quella sera.

Era avvolto dal desiderio.

ER ERHOFFTE SICH DEN FICK DES JAHRHUNDERTS.

Oder, um es romantischer klingen zu lassen, ein kleines Abendessen mit anschließendem kleinen Fick...

Aber wenn ihr glaubt, dass Francesca so naiv gewesen wäre, dass sie sich hätte einwickeln lassen, liegt ihr sehr falsch.

Also fing für Mario alles schlecht an.

Doch eines Nachts lagen sie unter dem Blick der lachenden Sterne am feuchten und dunklen Strand.

Marios Hand begann, Francescas Schultern zu streicheln.

Das hatte sie bisher nie zugelassen.

Und seine Hand begann dann, ihre Brüste zu erforschen, deren Warzen hart geworden waren.

Jetzt streichelte er ihren Nabel.

Wie seltsam es war, dass sie ihn nicht zurückwies!

Trotzdem war es wahr.

Als er versuchte, sie zu küssen, hatte sie keine Einwände. Im Gegenteil, sie ermutigte ihn, es mit der Zunge zu tun.

Und der Sommer, er machte sich bemerkbar. Diese enorme Hitze.

Währenddessen streckte er seine Hand aus, um das Schamhaar des Mädchens zu erkunden.

Er hätte es nie geglaubt.

Zumindest für diesen Abend.

Er platzte vor Begierde.

E giù, sempre più in giù con la mano in quel luogo caldo, più caldo dell'estate...
«Stronza, sei una grandissima stronza, è l'ultima volta che ci vediamo».
Mario arrabbiato ed eccitato andò via con l'intenzione di ritornare nel suo paese e rinunciare definitivamente a Francesca.
La situazione passò di male in peggio.
Giunto in stazione venne immediatamente a sapere che c'era lo sciopero dei ferrovieri.
Ma egli non disperò, sapendo per esperienza che dopo tanta sfortuna arriva anche un po' di fortuna.
«Stronza, stronza, lei non è ingenua, è solo una grandissima p...
...
Aveva il Tampax tra le gambe.
Brutta p...»
Corroso dai pensieri si diresse verso la statale, trovando all'istante un passaggio.
Ecco la prima nota positiva dopo tanti avvenimenti negativi.
Ecco il «là» verso giorni più fortunati.
Luigi, il conducente, si rivelò persino simpatico.
E la conversazione molto piacevole.
Mancavano una ventina di minuti per S. Cataldo.
Luigi sudava.
Sudava tantissimo.
L'estate si faceva sentire.
Si annunciava con quel caldo tremendo.

Und dann runter, immer mehr runter mit seiner Hand bis zu diesem warmen Ort, heißer als der Sommer ...
»Schlampe, du bist eine richtige Schlampe, das ist das letzte Mal, dass wir uns sehen!«
Wütend und spitz erregt wie Nachbars Lumpi ging Mario weg mit der Absicht, in sein Dorf zurückzukehren und auf Francesca endgültig zu verzichten.
Die Situation wurde aber immer schlimmer.
Als er am Bahnhof ankam, erfuhr er, dass die Eisenbahner streikten.
Aber er verzweifelte nicht und wusste aus Erfahrung, dass nach so viel Pech auch ein bisschen Glück kommen müsste.
»Schlampe, Schlampe, sie ist nicht naiv, sie ist nur eine riesige Hu...
...
Sie hatte Tampos zwischen ihren Beinen.
Böse Hu ...«
Mit solchen Gedanken machte er sich auf den Weg zur Bundesstraße. Sofort hielt jemand an.
Die erste positive Wendung nach so vielen negativen Ereignissen.
Der Start in Richtung glücklicher Tage.
Luigi, der Fahrer, erwies sich sogar als sehr nett.
Das Gespräch war sehr angenehm.
Bis San Cataldo waren es noch ungefähr zwanzig Minuten. Luigi schwitzte.
Er schwitzte sehr viel.
Der Sommer, er machte sich bemerkbar.
Die Hitze war enorm.

»Grazie, grazie Mario.
Grazie amico.
Tu mi hai dato il coraggio. Oramai sono più che deciso. Volevo suicidarmi, ma non avevo fegato abbastanza da farlo da solo. Ero spaventato. Avevo bisogno di qualcuno che mi facesse compagnia«.
Il proprietario dell'auto premette col piede l'acceleratore e dopo pochi istanti si fracassarono contro una quercia.
Mario ne uscì indenne e non pensò di uccidere Luigi, poiché gli avrebbe fatto un favore.
Ma pensò che se qualcosa va male, non necessariamente prima o poi migliorerà, non è detto, può continuare ad andarti male.

Era tempo d'amore.
Era tempo d'estate... mare... sale... follia...
Che bella la vita!!! Che bello sentirsi vivo!!!

»Danke, danke, Mario.
Danke mein Freund.
Du hast mir den Mut gegeben. Jetzt bin ich mehr als entschieden. Ich wollte mich umbringen, aber ich hatte nicht den Mut, es allein zu tun. Ich war zu ängstlich. Ich brauchte jemanden, der mir dabei Gesellschaft leistet.«
Der Autofahrer gab Vollgas. Nach wenigen Augenblicken krachten sie gegen eine Eiche.
Mario kam unversehrt heraus und dachte nicht daran, Luigi zu töten, da er ihm damit einen Gefallen getan hätte.
Aber er lernte daraus, wenn etwas schief geht, muss sich die Situation nicht unbedingt irgendwann verbessern. Das muss ganz und gar nicht so sein. Es kann weiterhin schief gehen.

Es war die Zeit der Liebe.
Es war Sommer ... Meer ... Salz ... Wahnsinn ...
Wie wunderschön ist das Leben !!! Wie schön, sich lebendig zu fühlen !!!

Andavo sotto il cielo, Musa! Ed ero il tuo fedele.
Quanti amori splendidi ho sognato!
I miei pantaloni avevano un vasto strappo.
Puccettino sognante, nella corsa sgranavo Rime. La mia locanda era l'Orsa Maggiore.
Nel cielo le mie stelle avevano un leggero Fru-fru, l'ascoltavo seduto sul ciglio della via...

«Ma Bohème»
ARTHUR RIMBAUD

Als dein Getreuer, Muse! ging ich unterm Himmel hin;
o la! Wie prächtig träumte mir's von Liebe!
Ein unvergleichlich Loch trug ich im Hosenkleide.
– Als kleiner Däumling streifte träumend ich umher
und pflückte Reime. Mein Gasthof war der Große Bär.
– Am Himmel meine Sterne rauschten sanft wie Seide,
und ich belauschte sie, am Wegesrande hockend...

»Ma Bohème«
ARTHUR RIMBAUD

Una serata a Roma

Pomeriggio.
Ultimi giorni di aprile.
Gradini del Duomo.
Faceva molto più caldo del solito e io osservavo Corso Vannucci.
Alcuni l'attraversavano di corsa, altri vi indugiavano, altri ancora sedevano ai tavolini all'aria aperta.
Una colomba sorvolò sul mio capo per mangiare le briciole gettate da una vecchia signora.
Bellissime ragazze straniere erano ambite da numerosi ragazzi italiani in cerca di «sesso al primo incontro».
Ne guardai una, poi un'altra, un'altra ancora, finche sentii:
«Emilio how are you?»
«Good and ya?»
Si avvicinò con un grande sorriso.
«What are you doing?»
«Nothing».
Michelle, purtroppo, attaccò conversazione.
Non era molto simpatica.
Come aspetto niente male:

Ein Abend in Rom

Nachmittag.
Letzte Tage im April.
Die Stufen des Doms.
Es war viel heißer als sonst. Ich beobachtete den Corso Vannucci.
Einige eilten darüber, andere trödelten, wieder andere saßen an den Tischen im Freien.
Eine Taube flog über meinen Kopf und pickte die Krümel auf, die von einer alten Dame geworfen wurden.
Schöne ausländische Mädchen wurden von vielen italienischen Jungen begehrt, die nach »Sex beim ersten Treffen« suchten.
Ich sah eine an, dann noch eine, noch eine, bis ich hörte:
»Emilio, how are you?«
»Good and ya?«
Sie näherte sich mir mit einem großen Lächeln.
»What are you doing?«
»Nothing.«
Leider begann Michelle ein Gespräch.
Sie war nicht sonderlich nett.
Sie sah nicht so hässlich aus:

ricciolina, occhi castani, abbastanza alta.
Ci provava sfacciatamente.
Tutto ciò può sembrare bello e lusingarti e lasciarti credere una «persona speciale», fin quando non scopri che lei è così con tutti.
«Tu volere venire con me a bere una caffè?», disse esprimendosi nel suo italiano americanizzato come se stesse mangiando patatine.
«Cinque minuti e mi sbarazzo di lei», pensai e accettai la proposta.
Ci incamminammo.
Il Bar Centrale era lì a due passi.
Ci sedemmo ai tavolini coperti da ombrelloni verdi.
Dopotutto non sarebbe stato malvagio trascorrere il pomeriggio in compagnia di qualcuno.
Spendevo troppo tempo in solitudine.
E chissà avrei tratto altro materiale per un'altra storia.
Così è stato.
Dopo aver ordinato due birre rinfrescanti vidi giungere Jack e Jim con i quali decisi di passare una serata a Roma.
UNA SERATA A ROMA!!!
Michelle si guardava allo specchietto per abbellire le labbra con del rossetto gusto fragola e spruzzarsi un po' di cipria.
Si rivolse a me.

Sie hatte Locken, braune Augen und war ziemlich groß.
Sie versuchte, mich dreist anzumachen.
All dies kann schön und schmeichelhaft erscheinen und einen glauben lassen, man sei ein »besonderer Mensch«, bis man herausfindet, dass sie sich allen gegenüber so benimmt.
»Tu volere venire con me a bere una caffè? Willst du trinken einen Kaffee mit mir?«, fragte sie und drückte sich in ihrem amerikanisierten Italienisch aus, als würde sie Chips essen.
»Fünf Minuten, und ich werde sie los«, schwor ich mir und nahm das Angebot an.
Wir brachen auf.
Die Bar Centrale war nur einen Steinwurf entfernt.
Wir setzten uns an die gedeckten Tische unter den grünen Sonnenschirmen.
Schließlich wäre es nicht schlecht, den Nachmittag in Gesellschaft zu verbringen.
Ich hatte zu viel Zeit alleine verbracht.
Und wer weiß, ich hätte mehr Material für eine andere Geschichte gefunden.
So war es auch.
Nachdem ich zwei erfrischende Biere bestellt hatte, sah ich Jack und Jim ankommen. Wir entschieden, einen Abend in Rom zu verbringen.
EINEN ABEND IN ROM !!!
Michelle schaute sich in den Spiegel, um ihre Lippen mit Erdbeergeschmacklippenstift zu verschönern und etwas Puder zu streuen.
Sie drehte sich zu mir um.

«Io spero che voi volere venire a mia festa stasera. Adesso dovere andare».
Si alzò, allontanandosi sempre più fino a diventare un puntino nel lungo corso.
La festa era animata da gente simpatica.
«Emilio, Jack mi ha detto che sei uno scrittore»
«Nooo!!! Mi hanno pubblicato un libro bruttissimo».
La biondina mandò giù un altro sorso di whisky.
Due sue amiche ascoltavano e sorridevano compiaciute.
«Sono venuta in Italia per innamorarmi ma deve essere una persona speciale.
Mi piacerebbe leggere il tuo romanzo, parla d'amore, lo so».
«Al momento le copie in commercio sono esaurite ma ci sarà una seconda edizione. Sai, sto terminando di scrivere delle *short-stories* intitolate RACCONTI SOTTO LE STELLE».
«Che bello...», avrebbe voluto aggiungere qualcos'altro ma si bloccò, tacque e per levarsi dall'imbarazzo decise di andare a riempire il bicchiere di whisky.
Ero lusingato.
Sentivo una grande felicità che non riuscivo a contenere e invece di rimanere, scesi giù per le scale direzione casa mia.

»Ich hoffe, du willst kommen heute Abend zu meiner Party. Jetzt muss ich gehen«.

Sie stand auf und entfernte sich, bis sie auf dem Corso nur noch ein Punkt war.

Die Leute auf der Party waren nett.

»Emilio, Jack hat mir gesagt, dass du ein Schriftsteller bist.«

»Nein !!! Es wurde nur ein sehr schlechtes Buch von mir veröffentlicht.«

Die Blondine nahm einen Schluck Whisky.

Zwei ihrer Freundinnen hörten zu und lächelten erfreut.

»Ich bin nach Italien gekommen, um mich zu verlieben, aber es muss ein besonderer Mensch sein. Ich würde gerne deinen Roman lesen, es geht um Liebe, ich weiß.«

»Im Moment sind die Exemplare auf dem Markt ausverkauft, aber es wird eine zweite Ausgabe geben. Weißt du, ich schreibe gerade Kurzgeschichten mit dem Titel GESCHICHTEN UNTER STERNEN.«

– »Wie schön...« Sie hätte gerne noch etwas hinzugefügt, hielt aber inne, schwieg, und um die Verlegenheit loszuwerden, füllte sie ihr Glas wieder mit Whisky.

Ich war geschmeichelt.

Mich durchströmte ein großes Glück, das ich nicht bewältigen konnte, und anstatt zu bleiben, ging ich die Treppe hinunter auf dem Weg nach Hause.

Mi allontanai sempre più fino a diventare un puntino alla vista degli altri, sognando della serata a Roma e di tutte quelle cose che mi sono accadute e che ho ritenuto degno di trascrivere perché stimolavano la mia curiosità.
Jim era entusiasta del romanzo *True at the first Light* di Hemingway.
All'inizio quando glielo prestai credette che fosse spazzatura.
Invece no!!!
«Hemingway non fa che bere, bere, bere», mi disse alle 9.30 del mattino con una birra tra le mani mentre ci dirigevamo alla stazione.
I genitori di Jim sono di origine italiana e i suoi lineamenti marcatamente meridionali.
«Anch'io sono un cacciatore e questa estate, ho deciso, andrò in Africa».
Il calendario segnava il 22/04/2001 e il tabellone degli orari annunciava la nostra partenza per le 11.20
Sul treno ci addormentammo.
Ero eccitatissimo.
Avevo visitato la capitale una sola volta e ne conservavo un ricordo vago.
Conosco abbastanza quasi tutte le più belle città d'Italia, ma Roma no.
A Bologna ho vissuto un anno, a Firenze sono nato, a Venezia ho trascorso giornate indimenticabili con Valerie, a Milano ho i parenti, nel sud ci sono cresciuto.
Roma no.
Era tutta da scoprire.

Ich entfernte mich immer weiter, bis ich in den Augen der anderen Leute nur noch ein Punkt gewesen sein dürfte; ich träumte von dem bevorstehenden Abend in Rom und von all den Dingen, die meine Neugier weckten und mir dann tatsächlich passiert sind und die ich für aufschreibenswürdig hielt.
Jim war begeistert von Hemingways Roman *True at the first Light.*
Als ich es ihm lieh, dachte er zuerst, es sei Müll.
Aber nein !!!
»Hemingway macht nichts als trinken, trinken, trinken«, sagte er mir um 9.30 Uhr mit einem Bier in der Hand, als wir zum Bahnhof gingen.
Jims Eltern sind italienischer Herkunft und seine Gesichtszüge ausgesprochen südländisch.
»Ich bin auch Jäger, und diesen Sommer habe ich beschlossen, nach Afrika zu gehen.«
Der Kalender vermerkte das Datum vom 22. April 2001, und der Fahrplan kündigte unsere Abreise um 11.20 Uhr an.
Im Zug sind wir eingeschlafen.
Ich war sehr aufgeregt.
Ich hatte die Hauptstadt nur einmal besucht und hatte nur vage Erinnerungen daran.
Ich kenne fast alle schönsten Städte Italiens ziemlich gut, Rom jedoch nicht.
Ich bin in Florenz geboren, habe ein Jahr in Bologna gelebt, habe mit Valerie unvergessliche Tage in Venedig verbracht, habe Verwandte in Mailand, bin im Süden aufgewachsen.
Rom? Nein.
Die Hauptstadt war völlig neu zu entdecken.

Passeggiare tra le strade di una antichissima città... la fontana di Trevi... e le stelle che accanto alla luna assumono un significato particolare nella metropoli che ha segnato il corso della storia.
Jim forse sognava le stesse cose.
Non lo so.
Ricordo solo che dopo una mia fuga d'aria, una puzza tremenda si levò nello scompartimento e lo svegliai.
Avrei voluto tanto che si fosse destato anche Jack per condividere quel momento delizioso, ma continuava a dormire come un ghiro.
Peccato.
Fu uno spasso comunque.
Roma Termini.
Metropolitana.
Colosseo.
Mi sarebbe piaciuto inseguire e sedurre qualche tedesca di passaggio.
Ich liebe dich bella tedescona selvaggia che sa fare tante belle cose a letto e morde e strilla *ich komme, ich komme...*
Jack avrebbe voluto «farsi» tutta Roma per comprare un paio di scarpe.

Ao!!! Er Colosseo è er Colosseo e nun ce poi stà a passà davanti senz'e scarpe adatte ao!!!

Era molto brutto essere a Roma e avere l'allergia, gli occhi mi lacrimavano in continuazione.

Durch die antiken Straßen zu bummeln ... den Trevi-Brunnen ... und die Sterne, die neben dem Mond eine besondere Bedeutung einer Metropole verleihen, die den Lauf der Weltgeschichte geprägt hat.
Jim träumte vielleicht von den gleichen Dingen.
Ich weiß es nicht.
Ich erinnere mich nur daran, dass nach meinen Blähungen ein schrecklicher Gestank im Abteil aufstieg. Ich weckte Jim.
Ich wünschte, Jack wäre aufgewacht, um diesen »wunderbaren« Moment mit ihm zu teilen, aber er schlief weiter wie ein Stein.
Sein Pech.
Aber es war sowieso lustig.
Bahnhof Roma Termini.
Die U-Bahn.
Das Kolosseum.
Am liebsten hätte ich einige vorbeikommende Deutsche verfolgt und verführt. Ich dachte nur an das eine:
Ich liebe dich, meine schöne wilde Deutsche, die weiß, wie man viele schöne Dinge im Bett macht und beißt und schreit *ich komme*, *ich komme* ...
Auch Jack hatte nur eines im Kopf: Er wollte kreuz und quer durch Rom gehen, um ein Paar Schuhe zu kaufen.

Ao !!! Das Kolosseum ist das Kolosseum, und ohne geeignete Schuhe gibt es kein Betreten !!!

Es ist sehr schlimm, in Rom zu sein und eine Allergie zu haben. Meine Augen tränten die ganze Zeit.

Click click e risatina con mano sulla bocca *mmm, mmm*, gruppi di cinesi che si chiedevano chi fosse quel pazzo che piangeva alla vista della caput mundi. *Look look*, Jim e Jack alle vetrine dei negozi, ma io avrei inseguito volentieri le tedescone maialone e le lacrime agli occhi mi avrebbero aiutato ad intenerirle. Non c'era nessun modo per fargli cambiare idea.

Lemme tell you something, Charlie Brown. I don't give a shit about your German girl: Old mother Hubbard went to the cubbard, to fetch her old dog a bone... when she bent over, Rover took over... she got a bone of her own.[1] Ah, ah, ah didja hear the poetry in that?

Potete ben immaginare dove avrei voluto infilargli le loro stupide barzellette.
Look look
Click click
Mmm mmm
E un paio di scarpe si rivelarono adatte a Jack e due tute da ginnastica Puma finirono nelle grinfie di Jim.
Ao!!! mo sì che se po' girà a testa arta a Roma.
Jack telefonò a due amici americani che studiavano a Roma, i quali ci condussero in giro.

Klick klick und das Kichern mit der Hand vor dem Mund *mmm, mmm*, Gruppen von Chinesen, die sich fragten, wer dieser Verrückte sei, der beim Anblick der Caput Mundi, der Hauptstadt der Welt, weinte.
Look look, Jim und Jack gingen an den Schaufenstern vorbei, aber ich hätte gern die schöne wilde Deutsche gejagt. Die Tränen in meinen Augen hätten mir geholfen, sie schwach werden zu lassen.
Es gab keine Möglichkeit, Jim und Jack dazu zu bringen, ihre Meinung zu ändern. Sie lachten nur:

Lass mich dir etwas sagen, Charlie Brown. Deine deutsche Freundin ist mir scheißegal: Die alte Mutter Hubbard ging in die Kabine, um ihrem alten Hund einen Knochen zu holen... als sie sich bückte, übernahm Rover... sie bekam selbst einen Knochen. [1] Dann fragten sie mich, ob ich die Poesie darin erkennen würde: »Ah, ah, ah didja hear the poetry in that?«

Sie können sich vorstellen, wohin ich ihre dummen Witze stecken wollte.
Look look
Klick klick
Mmm mmm
Endlich erwies sich ein Paar Schuhe als passend für Jack, und Jim fand seine Befriedigung mit zwei Puma-Trainingsanzügen.
Jetzt stolzierten wir erhobenen Hauptes durch Rom.
Jack rief zwei amerikanische Freunde an, die in Rom studierten. Sie sollten uns die Stadt zeigen.

HOT DOG COLD DRINKS ICE CREAMS SANDWICHES,
era una scritta ad una bancarella e sedici euro spesi per una lattina di birra e una pizzetta.
I miei occhi lacrimavano.
Chissà cosa avrebbe detto mio padre.
«E io pago», mi sembrava di udirlo.
«Come si chiama questo posto?», chiesi al padrone della bancarella.
«Piazzale del Pincio se dice a Roma, Piazza Napoleone I c'è sta scritto a' cartina turistica, Villa Borghese 'nsomma».
Notte.
Ristorante:
DA PANCRAZIO NELLE ROVINE DEL TEATRO DI POMPEO.
Accanto al nostro tavolo, un pezzo di colonna dalla forma di un gigantesco pene.
Mi stava di fronte e sembrava sorridere.
No maialona tedesca... no tante belle cose a letto...
Ma... euro!!! per due insalatine e un paio di bicchieri di vino rosso dei Castelli Romani vendemmia 2000.
Naturalmente il pane era gratis.
E stavolta il gigantesco pene sorrideva per davvero.
Campo dei Fiori.
Una marea di americani e di alcool.
Ore 3.00, ubriachi fradici.
Ore 4.00, Residence degli americani amici di Jim.
Volevamo riposarci prima di partire col primo treno per Perugia.

HOT DOG COLD DRINKS ICE CREAMS SANDWICHES,
war an einem Stand geschrieben, und ich gab 16 Euro für eine Dose Bier und ein Pizzastück aus.
Meine Augen tränten.
Wer weiß, was mein Vater gesagt hätte.
»Und ich bezahle«, schien ich ihn zu hören.
»Wie heißt diese Gegend?«, fragte ich den Standbesitzer.
»Piazzale del Pincio, sagt man in Rom, im Touristenführer steht Piazza Napoleone I, also kurz: Villa Borghese«.
Nacht.
Restaurant:
VON PANCRAZIO IN DEN RUINEN DES POMPEUS THEATER.
Neben unserem Tisch stand ein Stück Säule in Form eines riesigen Phallos.
Er stand vor mir und schien zu lächeln.
Keine wilde Deutsche ... keine vielen schönen Dinge im Bett ...
Aber viele Euro !!! für zwei Salate und ein paar Gläser Rotwein Castelli Romani Jahrgang 2000.
Natürlich war das Brot kostenlos.
Und diesmal grinste der gigantische Phallos wirklich.
Platz Campo dei Fiori, voll von Amerikanern und Alkohol.
3.00 Uhr, tot besoffen.
4.00 Uhr, Residenz von Jims amerikanischen Freunden.
Wir wollten uns ausruhen, bevor wir mit dem ersten Zug nach Perugia fuhren.

Possiamo?
No.
No?!!!
Perché?
Il sorvegliante non ci lascia salire su. Non sono ammessi visitatori nelle ore notturne.
Shit.
E adesso?
...
Guardai in alto.
3 metri.
Il muro era alto 3 metri.
Ero ubriaco fradicio e non sentivo le gambe...
Come on, you can do it
No, non ce la faccio.
Jack e Jim continuavano a gridare come on, come on. Uno degli altri due americani mi sollevò in alto, i miei piedi sulle sue spalle.
Girava tutto. Avevo le vertigini. Jack mi afferrò prima dalle mani, poi dalla cintura dei pantaloni.
Wow era come un film di Hollywood.
Adesso non dovevamo fare altro che entrare da una porta secondaria che portasse agli appartamenti ed era giusto di fronte a noi.
Un meritato sonnellino.
«hallo, hallo», Jim rispose al cellulare.
Fuck that!!!
«Annate via o chiam' a polizia», gridò minaccioso il guardiano.

Durften wir?
Nein.
Nein?!!!
Warum?
Der Aufseher ließ uns nicht reinkommen. Besucher waren nachts nicht erlaubt.
Shit.
Und nun?
...
Ich guckte nach oben.
3 Meter.
Die Mauer war 3 Meter hoch.
Ich war total betrunken und fühlte meine Beine nicht mehr ...
Come on, you can do it
Nein, ich kann's nicht.
Jack und Jim schrien weiter, come on, come on. Einer der beiden anderen Amerikaner hob mich hoch, meine Füße auf seinen Schultern.
Alles drehte sich herum. Mir war schwindelig. Jack packte mich zuerst an den Händen, dann am Gürtel meiner Hose.
Wow, es war wie in einem Hollywood-Film.
Jetzt mussten wir nur noch durch eine Seitentür treten, die zu den Wohnungen führte und direkt vor uns lag.
Ein wohlverdientes Nickerchen.
Plötzlich klingelte Jims Handy. »Hallo, Hallo«, antwortete er.
Fuck that!!!
»Verschwindet oder ich ruf die Polizei«, schrie der Wächter drohend.

I miei occhi lacrimavano e vi posso assicurare che i guardiani a Roma non sono così inclini a lasciarsi commuovere. Anche al ritorno ci fu una fuga d'aria nel treno ma stavolta persino Jim non l'avvertì.

«Io andare alla discoteca Domus stasera, è sempre piena di uomini che ti venire addosso», disse l'americana che mi ossessionava sempre e mi sentii felice di essere a Perugia con le sue belle e splendenti stelle accanto ad una luna raggiante...

1. Andrew Dice Clay

Meine Augen tränten, und ich kann Ihnen versichern, dass Wächter in Rom nicht geneigt sind, schwach zu werden. Auch auf dem Rückweg gab es Blähungen im Zug, aber diesmal bemerkte es selbst Jim nicht.

»Ich gehe heute Abend in den Nachtclub Domus, er ist immer voll von Männern, die auf dich zukommen«, sagte die Amerikanerin, die mir immer auf die Nerven ging, und ich fühlte mich glücklich, wieder in Perugia mit seinen schönen und leuchtenden Sternen neben dem strahlenden Mond zu sein ...

1. Andrew Dice Clay

L'occhio della videocamera

Ero a Perugia un pomeriggio di luglio del 199..., e trascorrevo la giornata in compagnia del mio amico Michele nel suo appartamento in via Eugubina zona Monteluce.

Discutevamo di cinema poiché Michele, studente di Belle Arti, doveva realizzare un cortometraggio per un esame.

La stanza era ricoperta di fumo.

Era molto nervoso come d'altra parte ogni studente prima di un appello.

Stava ragionando su che soggetto basare il cortometraggio.

E il titolo?

Aveva già filmato qualcosa precedentemente.

Una notte aveva ripreso due attraenti ragazze travestite da fantasmi per le vie di Perugia.

Avvenne qualche imprevisto dato che la polizia li aveva fermati e chiesto se avessero problemi...

Comunque l'idea di utilizzare quel materiale non gli andava a genio.

Cominciammo a spremerci le meningi per cerca re di tirar fuori uno spunto su cui lavorare.

Das Auge der Kamera

Eines Nachmittags im Juli 199... war ich in Perugia und verbrachte den Tag in Begleitung meines Freundes Michele in seiner Wohnung in der Via Eugubina im Bezirk Monteluce.

Wir diskutierten über Filme, weil Michele, Student der Kunstakademie, für eine Prüfung einen Kurzfilm drehen musste.

Der Raum war mit Rauch erfüllt.

Er war sehr nervös wie jeder Student vor einer Prüfung.

Er überlegte, worum es in dem Kurzfilm gehen sollte.

Und der Titel?

Er hatte schon was gedreht.

Eines Nachts filmte er zwei attraktive Mädchen, die als Geister in den Straßen von Perugia verkleidet waren.

Etwas Unerwartetes passierte, als die Polizei sie stoppte und fragte, ob sie irgendwelche Probleme hätten ...

Die Idee, dieses Material zu verwenden, gefiel ihm jedoch nicht.

Wir grübelten lange und suchten nach einer Idee, mit der wir arbeiten konnten.

Il nostro silenzioso meditare fu interrotto dopo cinque-sei minuti dallo squillare del telefono di casa.
«Pronto?»
«Sono Alberto, c'è Michele?»
«Sì, solo un istante»
«Michele», chiamai, «Alberto alla cornetta, vuole parlare con te, non ha riconosciuto la mia voce».
Quando vidi Alberto, tre mesi dopo in ottobre, fu per un parere.
«Di cosa si tratta? Un furto?
UN FURTO?!!!
Non ha niente a che fare con me», disse lui furentemente.
«Questo lo so. Il punto è che Michele mi sta incolpando e ho bisogno di un consiglio.
Penso che ti piacerebbe conoscere i particolari dell'intera faccenda.
Mi sento molto giù», risposi tristemente.
Ero realmente abbattuto.
«Quel giorno di luglio, quando tu telefonasti, nell'appartamento c'eravamo io, Michele e Nicole, la sua ragazza tedesca.

Quel giorno di luglio a Michele scomparvero 500.000£ e proprio la notte di quel giorno partii per la Puglia in vacanza.
Da allora non sono più tornato a Perugia se non poche ore fa col treno.
E adesso sono accusato di essere un ladro»
«Che razza di sciocchezza!!!
Non devi farti trattare così.

Unsere stille Meditation wurde nach fünf bis sechs Minuten durch das Klingeln des Haustelefons unterbrochen.
»Hallo?«
»Ich bin Alberto, ist Michele da?«
»Ja, nur einen Moment«
»Michele«, rief ich, »Alberto am Telefon, er will mit dir reden, er hat meine Stimme nicht erkannt.«
Als ich Alberto drei Monate später im Oktober sah, wollte ich einen Ratschlag von ihm.
»Worum geht es? Um einen Diebstahl?
EINEN DIEBSTAHL?!!!
Es hat nichts mit mir zu tun», sagte er wütend.
»Das weiß ich. Das Problem ist, dass Michele mich beschuldigt, und jetzt brauche ich einen Rat.
Ich denke, du möchtest alle Details der ganzen Geschichte wissen.
Ich fühle mich sehr niedergeschlagen«, antwortete ich traurig.
Ich war wirklich sehr deprimiert.
»An diesem Tag im Juli, als du angerufen hast, waren ich, Michele und Nicole, seine deutsche Freundin, in der Wohnung.
An diesem Tag im Juli vermisste Michele 500.000 Lire, und in der Nacht dieses Tages fuhr ich in den Urlaub nach Apulien.
Seitdem bin ich erst vor einigen Stunden mit dem Zug in Perugia zurück.
Und jetzt werde ich beschuldigt, ein Dieb zu sein.«
»Was für ein Unsinn!!!
Du solltest dich nicht so behandeln lassen.

Devi reagire, so che tu non sei il tipo da compiere certe azioni.
Mostra un po' di durezza per dare prova della tua innocenza.
Se necessario, passa alle mani».
Ogni evidenza era contro di me.
Anche Alberto abitava con Michele.
Ma in quel maledetto appartamento, in quel maledetto giorno di luglio, si trovava a casa dei suoi in Sicilia.
Il ladro era sicuramente uno di noi e non fu visto rubare.
E siccome ero sicuro di non aver commesso un'azione così deplorevole, i miei sospetti ricaddero su Nicole, che veniva difesa a spada tratta da Michele.
Con la mente appesantita da numerosi pensieri, mi avviai da Eugenio.
COM'ERA POSSIBILE!!!
Per come si presentavano le cose, sarei stato il primo a darmi la colpa.
La VERITA' sembrava semplice.
Così MALEDETTAMENTE SEMPLICE.
La mia esperienza mi insegnava però che alcune volte vi è una verità nascosta nelle cose più semplici.
Dovevo cercare di considerare l'intero episodio con altri occhi.
Eugenio era di buon umore e mi andò a preparare un caffè in cucina mentre io ero seduto su una sedia della sua camera da letto.

Du musst reagieren, ich weiß, dass du nicht der Typ bist, der solche Sachen macht.
Zeig ein wenig Härte, um deine Unschuld zu beweisen.
Wenn nötig, werde handgreiflich.«
Alle Beweise sprachen gegen mich.
Auch Alberto lebte damals mit Michele zusammen.
Aber in dieser verfluchten Wohnung an diesem verfluchten Julitag war Alberto zu Hause bei seinen Eltern in Sizilien.
Der Dieb war sicherlich einer von uns und wurde beim Stehlen nicht erwischt.
Und da ich sicher war, keine so bedauernswerte Handlung begangen zu haben, fiel mein Verdacht auf Nicole, die aber von Michele energisch verteidigt wurde.
Mit zahlreichen Gedanken belastet, ging ich zu Eugenio.
WIE KONNTE DAS MÖGLICH SEIN!!!
Wie sich herausstellte, wäre ich der erste gewesen, der sich selbst die Schuld gegeben hätte.
Die WAHRHEIT schien einfach zu sein.
So VERDAMMT EINFACH.
Aber aus Erfahrungen wusste ich, dass manchmal hinter den einfachsten Dingen eine verborgene Wahrheit steckt.
Ich musste versuchen, die ganze Sache mit anderen Augen zu betrachten.
Eugenio war gut gelaunt und kochte mir einen Espresso in der Küche, während ich auf einem Stuhl in seinem Schlafzimmer saß.

Il mio sguardo si posò su una videocamera. Giocherellandoci, notai che all'interno vi era una cassetta, premetti PLAY e osservai la registrazione.

Era una notte stellata e gironzolava per una strada deserta.
Guardava dall'altra parte e osservava una donna con una minigonna in pelle cortissima.
Fissava attentamente.
Si notavano le calze a rete e due tette enormi che lui avrebbe evidentemente baciato.
La minigonna sarebbe scomparsa alla comparsa del primo cliente.
Qualche volta, a seconda del movimento del corpo, si notavano le mutandine.
Di un rosso acceso.
Poi l'occhio della videocamera si posò all'interno di una macchina che si dirigeva verso Monteluce.
«Debbo farmela, è troppo bona, mi tira da morire», sentii.
Si giunse ad un appartamento e precisamente in camera di Michele...
Lui si guardò attorno con quegli occhialini tondi alla John Lennon.
Il suo sguardo cadde su un armadio pieno di vestiti.
Cominciò a frugare, estraendone 500.000£.
Tutte banconote da 100.000£.
STOP DELLE IMMAGINI
>>
PLAY
Altra notte stellata, stessa strada deserta.
Lui guardava la stessa donna ma questa volta invece di limitarsi ad osservare si avvicinò lentamente.

Als ich mit seiner Videokamera spielte, bemerkte ich, dass sich eine Kassette darin befand, ich drückte PLAY und sah mir die Aufnahme an.

Es war eine sternenklare Nacht und er ging durch eine verlassene Straße, schaute auf der anderen Seite und beobachtete eine Frau in einem sehr kurzen Lederminirock.

Er starrte aufmerksam.

Man sah die Netzstrümpfe und zwei riesige Brüste, die er offensichtlich küssen würde.

Der Minirock würde verschwinden, wenn der erste Kunde auftauchte.

Manchmal, abhängig von der Bewegung des Körpers, man sah das Höschen.

Hellrot.

Dann richtete sich das Auge der Kamera auf ein Auto, das Richtung Monteluce fuhr, einen Bezirk von Perugia.

»Ich muss sie ficken, sie ist zu geil, ich bekomme einen Ständer«, hörte ich.

Man kam zu einer Wohnung und genau in Micheles Zimmer...

Er sah sich mit dieser runden John Lennon-Brille um.

Sein Blick fiel auf einen Schrank voller Kleidung.

Er begann zu stöbern und zog 500.000 Lire ab.

Lauter 100.000-Lire-Banknoten.

STOPP VON BILDERN

>>

PLAY

Eine weitere sternenklare Nacht, dieselbe verlassene Straße.

Er sah dieselbe Frau an, aber diesmal näherte er sich langsam, anstatt nur zu beobachten.

L'occhio della videocamera si posava sul volto della prostituta.
Una prostituta dai lineamenti africani.
«Ciao, spero che tu voglia lavorare per me stanotte».
I grandi occhi neri della donna sorridevano.
«Ho bisogno di te».
Lei si tolse le mutandine e lui notò che anche il colore delle parti intime erano scure.
Il colore della notte.
Il colore del peccato, del vizio, della lussuria.
«Qual è il tuo nome?»
«Natalie».
E Natalie fece un lavoro di bocca.
Lui alzò lo sguardo in alto.
Era la prima volta che notava le stelle in cielo.
Sembravano amichevoli, calde, belle.
Sentiva l'abbaiare dei cani e di tanto in tanto il rombo delle rare macchine che sfrecciavano per quella strada.
«Più in fretta per favore, più in fretta».
E poi...
...SPLASH, il rumore dello schizzo di sperma sul viso di Natalie.
....

Furtivamente infilai la cassetta nelle tasche del mio giubbotto e dopo un affrettato caffè ritornai a casa.
«RIMANDA INDIETRO!!!»
«D'accordo», dissi io, «D'accordo, calmati».
Michele era incazzatissimo.

Das Auge der Kamera ruhte auf dem Gesicht der Prostituierten.
Eine Prostituierte mit afrikanischen Zügen.
»Hallo, ich hoffe, du willst heute Abend für mich arbeiten.«
Die großen schwarzen Augen der Frau lächelten.
»Ich brauche dich«.
Sie zog ihr Höschen aus, und er bemerkte, dass die Farbe ihrer Intimzone ebenfalls dunkel war.
Die Farbe der Nacht.
Die Farbe der Sünde, des Lasters, der Lust.
»Wie heißt du?«
»Natalie«.
Und Natalie blies ihm einen.
Er schaute nach oben.
Es war das erste Mal, dass er die Sterne am Himmel bemerkte.
Sie sahen freundlich, warm und wunderschön aus.
Er hörte das Bellen von Hunden und von Zeit zu Zeit das Dröhnen der seltenen Autos, die diese Straße entlang rasten.
»Schneller bitte, schneller«.
Und dann...
... SPLASH, das Spermageräusch auf Natalies Gesicht.
....

Ich steckte die Kassette heimlich in meine Jackentaschen und kehrte nach einem hastigen Kaffee nach Hause zurück.
»ZURÜCKSPULEN!!!«
»In Ordnung«, sagte ich, »in Ordnung, beruhige dich«.
Michele war sehr sauer.

«CAZZO, CAZZO!!!», aggiunse fuori di testa, battendo pugni contro la porta.
«TE LO AVEVO DETTO, AVEVO CERCATO DI DIRTELO, TE LO AVEVO DETTO».
«Scusami, non l'avrei mai immaginato, eppure la verità sembrava così evidente, semplice, a portata di mano.
C'E' MANCATO POCO CHE FACESSIMO A BOTTE».
Dopo tre ore io e Michele lo legammo al divano del salotto.

Lui osservò il video, imperturbabile, impassibile.
La faccenda era semplice.
Se non ci avesse rivelato tutto, lo avremmo riempito di botte.
Adesso sì che tremava.
«Bè, quella sera di luglio io non telefonai da casa dei miei, ma, e questo voi non potevate saperlo, da casa dei miei zii, che abitano a Perugia, proprio in zona Monteluce.
Quando Emilio rispose alla chiamata, mi venne in mente la brillante idea:
feci finta di non riconoscerlo e di non sapere che fosse ancora a Perugia, così entrando in quello stesso giorno a vostra insaputa nell'appartamento, tutte le colpe sarebbero ricadute INEVITABILMENTE e SEMPLICEMENTE sullo stesso Emilio.
Poi dormii ancora una settimana a casa dei miei zii, per non destare sospetti.

»SCHEISSE, SCHEISSE!!!«, fügte er außer Kontrolle hinzu und schlug mit den Fäusten gegen die Tür.
»ICH HABE ES DIR GESAGT, ICH HABE ES VERSUCHT DIR ZU SAGEN, ICH HABE ES DIR GESAGT.«
»Es tut mir leid, ich hätte es mir nie vorgestellt, aber die Wahrheit schien so offensichtlich und einfach zu sein und auf der Hand zu liegen.
FAST HÄTTEN WIR UNS VERPRÜGELT.«
Nach drei Stunden fesselten Michele und ich ihn an das Sofa im Wohnzimmer.
Er sah sich das Video ungerührt und teilnahmslos an.
Die Sache war einfach.
Wenn er uns nicht alles erzählt hätte, hätten wir ihn verprügelt.
Jetzt zitterte er doch.
»Nun, an diesem Abend im Juli habe ich nicht aus dem Haus meiner Eltern angerufen, sondern aus dem Haus meines Onkels, der in Perugia in der Gegend von Monteluce lebt.
Als Emilio den Anruf entgegennahm, kam mir die geniale Idee in den Sinn:
Ich tat, als ob ich ihn nicht erkannt hätte und dass ich nicht wüsste, dass er noch in Perugia war. Also wenn ich am selben Tag - ohne dass Ihr das wissen konntet - die Wohnung betreten hätte, würde die Schuld UNVERMEIDLICH und EINFACH auf Emilio selbst fallen.
Danach habe ich noch eine Woche im Haus meines Onkels geschlafen, um keinen Verdacht zu erregen.

Tutta colpa di quella videocamera e della leggerezza e stupidità di quel cameraman di Eugenio!!!», confessò Alberto, senza alcuna traccia di pentimento.

Schuld sind diese Videokamera und die Leichtigkeit und Dummheit von diesem Kameramann Eugenio!!!«, gestand Alberto – ohne irgendwelche Spur von Reue.

Fu il grande amore della tua vita.
Così hai creduto per un certo periodo di tempo.
Le tende dell'amore ti rendevano cieco.
PURA ONESTA VERA SINCERA
INTELLIGENTE
Era ciò che si dice una donna con la D maiuscola.
Ma ora hai capito.
Occorre dire di più?
Fu fumo davanti ai tuoi occhi che quando evaporò non lasciò sostanza.

a Marco

Sie war die große Liebe deines Lebens.
So hast du für einige Zeit geglaubt.
Die Vorhänge der Liebe haben dich blind gemacht.
SIE WAR EHRLICH, ECHT, ANSTÄNDIG, AUFRICHTIG, KLUG.
Sie war eine Frau mit dem Buchstaben I – I wie Ideal.
Aber jetzt verstehst du.
Muss man mehr sagen?
Sie war Rauch vor deinen Augen, der beim Verdampfen keine Substanz hinterließ.

An Marco

Conclusione

In una sala in penombra, addobbata di libri, siedo comodamente abbandonandomi ai pensieri più profondi.
Scrivendo, lieto e calmo, ascolto il fruscio della penna che segue il ritmo della mia mente:
ecco giungere una prima frase, incompleta, confusionaria, imprecisa.
Un dito sulla fronte.
Una smorfia infantile.
Un sospiro di delusione.
E poi, piano, piano ecco quello che volevo dire, sì, così può andare. Per due mesi viaggiammo per l'Italia finche giungemmo a Venezia. La città lagunare.
Eccitati prenotammo una camera d'albergo.
E fu delizioso.
Queste annotazioni sono di un giovane ragazzo che non dimentica mai di dedicarsi con grande veemenza alla vita.

Nachwort

Der Raum ist schwach beleuchtet, mit Büchern geschmückt. Ich sitze bequem und gebe mich meinen tiefsten Gedanken hin.
Ich schreibe glücklich und ruhig und höre das Rascheln des Stiftes, der dem Rhythmus meines Geistes folgt:
Hier kommt ein erster Satz, unvollständig, verwirrend, ungenau.
Ein Finger auf der Stirn.
Eine kindische Grimasse.
Ein Seufzer der Enttäuschung.
Und dann, langsam, ganz langsam, kommt, was ich sagen wollte – ja, so kann es gehen.
Zwei Monate lang reisten wir durch Italien, bis wir Venedig erreichten.
Die Lagunenstadt.
Aufgeregt buchten wir ein Hotelzimmer.
Und es war vorzüglich.
Diese Notizen stammen von einem Jungen, der nie vergaß, sich mit großer Vehemenz dem Leben zu widmen.

Frugo tra i numerosi ricordi che mi sussurrano di quella camera d'albergo e lei, nuda, tutta mia.
Il fuoco della passione ci fece cadere dal letto...
fra i tappeti...
contro i mobili...
il suo profumo...
la dolcezza di ogni movimento...

«Mi piace che sei uno scrittore e che esistono cose come gli scrittori e sono eccitata all'idea che tu un giorno possa scrivere di me».
Quando sei a Venezia tutto è bello ed io ero così fortunato ad avere Valerie tra le braccia e disegnare con le dita una grande lettera A sulle sue labbra.
Le gondole filavano nei canali della laguna.
Alle tre del mattino in estate un'aria tiepida inonda il tuo corpo e la luce delle candele, numerose, si riflette sulla nera acqua notturna.
Un intenso via vai di turisti e abitanti intonava una strana melodia.

La notte era calda, la finestra aperta e le stelle, sì le stelle che mi aiutarono nella realizzazione di questo libro, di questi racconti pensati e scritti sotto il loro bagliore ispiratore...

Ich stöbere in den vielen Erinnerungen an dieses Hotelzimmer. Sie flüstern mir zu und erzählen mir über sie: nackt und ganz meine.
Das Feuer der Leidenschaft ließ uns aus dem Bett fallen ...
zwischen den Teppichen ...
gegen die Möbel ...
ihr Parfüm ...
die Süße jeder Bewegung ...

»Ich mag es, dass es Schriftsteller gibt und dass du Schriftsteller bist, und ich freue mich darauf, dass du eines Tages über mich schreiben könntest.«
Wenn man in Venedig ist, ist alles schön. Ich hatte das Glück, Valerie in meinen Armen zu haben und mit meinen Fingern einen großen Buchstaben A auf ihre Lippen zu zeichnen. Amore.
Die Gondeln drehten sich in den Kanälen der Lagune.
Im Sommer um drei Uhr morgens überflutet die warme Luft den Körper. Das Licht der Kerzen spiegelt sich im schwarzen nächtlichen Wasser. Sogar in dieser Morgenstunde singt das Kommen und Gehen von Touristen und Einheimischen eine seltsame Melodie.

Die Nacht war warm, das Fenster offen. Die Sterne, ja die Sterne mit ihrem inspirierenden Schimmern, sie haben mir geholfen, diese Geschichten zu schreiben und dieses Buches zu erstellen...

Storia dell'ultimo minuto

Saint Patrick's Day.
Solita notte stellata in Perugia.
Marzo.
Fa più caldo del solito.
La sorella di Jim è da poco giunta da New York e siamo tutti riuniti a bere qualcosa.
Ryan mi ha mostrato casualmente una storia breve che ho deciso di lasciar pubblicare con le mie.
Vi chiederete perché in inglese…
Sì sono un po' brillo e se volete sapere la verità nuda e cruda mi riesce un po' difficile concentrarmi per una traduzione con delle stelle così splendenti.
Specie se accanto a me vi sono tante belle ragazze.
Chiedo perdono ma mi piace sognare ad occhi aperti e buon divertimento a chi conosce l'inglese e capace dunque di leggere *One day in your life* di **Ryan Jon-Paul Derfler** che ha realizzato anche i disegni di questo libro.

Last-Minute-Geschichte

St. Patrick's Day.
Übliche Sternennacht in Perugia.
März.
Es ist heißer als gewöhnlich.
Jims Schwester ist gerade aus New York angekommen und wir sind alle auf einen Drink versammelt.
Ryan hat mir beiläufig eine Kurzgeschichte gezeigt, die ich unbedingt mit meinen eigenen veröffentlichen möchte.
Ihr werdet euch fragen, warum auf Englisch ...
Ja, ich bin ein bisschen beschwipst, und wenn ihr die nackte Wahrheit wissen wollt, fällt es mir etwas schwer, mich auf eine Übersetzung mit so hellen Sternen zu konzentrieren.
Besonders wenn viele schöne Mädchen neben mir sind. Ich bitte um Vergebung, aber ich träume gern.
Ich wünsche denjenigen viel Spaß, die Englisch sprechen und daher in der Lage sind, *One day in your life* von **Ryan Jon-Paul Derfler** zu lesen, der auch die Zeichnungen für dieses Buch angefertigt hat.

In one day, before the sun had even reached its four o'clock stage just above the only remaining watch tower in Perugia, I had experienced at least five of life's simple pleasures. And, I think to myself that if I can somehow reveal the method at which I came about these pleasures I will certainly attain a fame great enough to ruin everything. Nevertheless, I ought to recount the activities of this ever-unfolding day for no other reason so that I may not forget them with the next all night affair of shy smiles and drinking games. The white ceiling, two inches striped with green every two point five feet, didn't look any different when I faded into uncertain reality this morning. Uncertain because I, having been out so late doing things that would be scandalous in my own country, but not in Italy, should not have been awake at eight a.m. But I was, and I needed a shave and a shower and the green stripes wouldn't trance me back to sleep no matter how long I stared at them. The shave and shower are important for no other reason than they splashed and raked me into someone more fresh, not awake, but fresh as the mist that would fall in an hour.

And, in the shower, I had the opportunity to take out upon myself the anxiousness that my smile could not deliver in reciprocal female form the night before. I don't imagine that there are any rules regarding the start of a beautiful day, even if I am in Italy.

...breakfast with roommates and neighbors... trips to the bakery, store... fresh fruit, spreads and juices, eggs in the basket, scrambled eggs, all in perfect condition... pulling everyone from bed (except the girls who always come at the smell of a meal cooked in mystery) to a wonderful sense of communion only found in the hill towns of Italy as far as my liberal philosophy professor, who is a master of DeBord and applicable parts of Plato, Plotinus, Nietzsche and Shilling, can see. Everyone left just as I wanted them to and so I began to plot a course for my day feeling glad at having filled the bellies of my friends, knowing that breakfast is the most important meal of the day.

Walk to Umbra Institute with Ivy... engaged in email... reply... address friends... have no problem delivering kind compliments to those who enter, careful never to let one person hear two given, which is a tricky trade that gave the back of my mind something to do in the mean time. I was asked for advice by Scott and in answer I gave him the address to my web site - the one I had made in memory of my late sister Danielle. I watched him. He was quiet, interested and moved despite his immovable character. Clicks and typing. I go to the sight as well and laugh again at my family, my little monkey brother with big blue glasses especially, because I love them so much and laughing is a better way than all others to show someone love. He gets up, one hand on my shoulder, thank you friend, and we weren't really friends per se, but at that moment we were and I wanted to cry and laugh and hug my mother. So I rushed to the sight seeing new entries from my friends of the world in Chicago, California, Colorado and now Texas… and, as I had planned to do, I began an email to my family. While I was at it, figured I might as well tell them what I think of them down to the wild dog and three cats, and practically had myself crying and laughing again, except that I was running out of money and had hinted at it in the beginning of the note and felt ashamed but helpless at that, and it choked out my laugh. I wanted my aunt and grandmothers and everyone in the world to see what I had written to my family because I thought I put a good finger on them the first time through because I've known them my whole life and there was no need for revision. And when I sent that mail, praying on the holiest church in Italy, that the thing would go through, I knew that the positive multiplier would work its magic and so would another key to my pleasure… the gift of family - and there is some good in every family.

The light mist began to fall as I walked a new route, advantageous with spirit, and sure enough my favorite Aunt from Key West did call and I found a wonderful place to talk to her overlooking so many beautiful things that I could hardly talk at all, which meant that she barely got a word in. We spoke of my adventures with women and my bank account, which she dutifully checked for me each day now, slipping a few bucks in when my wants outgrew my parents ability to supply them, the world according to our travels and their relationship to the latest Hemingway short story I read. As the conversation grew so did our excitement and comfort at speaking with each other and a cycle started out of control. Finally, after several warnings that the phone call ought to end due to the high cost of telecommunications these days, we ended our call in the way a call from a favorite aunt ought to end, with love, and in only 15 minutes and 34 seconds according to Siemens.

Surprisingly enough, yet not really, my new path led exactly where I wanted. I was greeted at slightly after two p.m. by my pajama-clad Italian dove, and when I say dove I mean it because her last name means dove in Italian. She had a devious smile and I told her so and then I looked up the word devious and translated it for her. Her night had gone into the morning and I knew this because she sent me a drunken message but I decided I wouldn't harass her over it because I felt confident and knew that she just loved me. Her room is the immediate scenery upon entering the house and I had often been the display of her roommate's friends and the object of many not-comprehendible comments during my visits. We sort of wrestled around her room for a while like we often do, as the practice requires the reference of no big blue books. Then she pulled me into her roommates' vacant room simply for the pleasure of being alone to watch Italian television (which no person ever ought to see), and not for sex. I lay on my stomach, head turned to see this wonderful girl jumpy with the energy of many hours sleep. She started running her hands over me as I watched some general nonsense on the television, and this grew into her snuggling me and climbing on me like I was a jungle gym made just for her. It felt wonderful to have her do this and I thought to myself that everyone ought to have the feeling at least once in life. In the best Italian I had I begged for her to turn her cuddles into a massage and after correcting my sentences smartly, yet with humor, she pulled off my shirts and made love to my back with her hands.

My ass pinned to the bed with her little body, I pushed my chest and head up, and I made an arc to the sky in a relaxing state of flex.

"Madonna," she gasped, and I knew she liked the bumps and striations of a wrestler's back, born over twelve years labor of shooting double leg take-downs. I loved the attention and tensed my arms perhaps a little more than felt good for a stretch. I rolled to my back, her on top all the while, and began to feel her body. She was warm and soft under her pajamas and I realized that I'd found the most suitable position for massaging a woman and soon enough she bent forward to rest on me in silent agreement. A girl with the kind of energy she had will not stay down forever and so she rose and since she was making a sudden move so did I in a circling feel toward her breasts. For a moment I saw in her eyes that she loved my advance and she wanted me in every respect but then she remembered that I was leaving in May and so shivered away. This afternoon we were closer than ever, even as we wrestled further in the bed and I nearly knocked her front left tooth out. Plans were made for later in the evening with enough elasticity that I may break them, but I didn't want to and so I left with a kiss pulled away a few seconds too early. Something needed to occupy such an energetic mind all day.

Even though, my hair sloppy from bed-play, I looked like a ware wolf, my life was worth a million dollars, which coincidentally is what the dazzling gold necklace in the storefront window must have cost. I pictured it on my mom. The very next thing I laid eyes upon was a wiry little Italian man walking down the street toward me. He was the fanatical type - the kind that might snap at any minute and loved watching soccer drunk in pool halls. His clothes hung lower than clothes ought to hang in Italy. In his hand he held his weapon - a quickly melting gelato cone. And how he enjoyed it. I couldn't take him seriously. Just as I passed him, when I would have expected an awkward glance, a marble of deliciousness nearly fell from the cone. The Italian firework scooped his tongue down to catch it and he enjoyed it like he was ten. What a wonderful little Italian he must be.

Just as I was finished relishing the beauty of the previous moment, I came out of the damp tunnel of arches and buildings that is the street and into the very open and airy piazza. Warm, airy, spring days had been upon Perugia for two weeks now, enough time for the vendors to realize an opportunity and they were working the street colorfully. Now, one must understand that the traffic on this street consists solely of very sleek and fast people; but they don't walk fast at all. Very new fashions could be seen on the women and I looked forward to the warm months that lie ahead—the very time when I would be leaving for home. Rows of people sat at the steps near the Duomo, overshadowed only by the magnificence of the white marble fountain that is the heart of Perugia, and I was glad that they were reading and talking and sharing themselves. Everything that surrounded me, the small shops with dynamic little owners that you cannot forget, dogs trotting freely making fun of those on leashes, and the general laziness, for once felt like somewhere I belonged. I breathed a deep breath and held it in my lungs solely for the purpose of inflating my chest so that I may appear as confident as I felt. The last stretch of my journey, all downhill and passing my most favorite 'mom and pop grocery store', served as the perfect return to my home and I looked forward to a warm shower and new clothes-pants snug and stiff cuffs of course.

The curiosity of my roommates greeted me, wondering what I had done all night and I wondered too, but only about what might come next. Everyday activity followed taking me into the early evening when I ought to enjoy a clear drink and deliver myself into the thoughts of another mind—this night more Hemingway. As I read I became frustrated because my eyes read faster than my mind would record and I was forced to go over some sections two or three times. While reading I simultaneously remembered women, a pair of shoes, something to eat, homework that ought to be done. There was little noise in the apartment, a rare occurrence, and I thought I ought to be taking advantage of the situation and so I dove deeply into my book. It was excellent and so very soon a rap on the door took me from it. My roommate is very motherly and caring and innocent in her way and she decided to take up an earlier offer I had made regarding a resume she needed to construct for an internship. I wanted to help her, seeing a chance to put everything I had learned in class onto paper. I like resumes. It was necessary for me to ask her questions so that I may know about her and turn what she had done into a convincing story for someone in human resources. We began, she sitting too close to me on my own bed so that I could not move my elbow easily enough to type. She crept too close many times during our interview and I knew it was only because she was sliding off the mountain of clothes that had accumulated on my bed. Normally, I didn't care about the mountain because I slept in a dove nest at night but now it was bothering me and I vowed to clear it at my soonest convenience. Questions followed. I typed in summary what I thought important, and not everything she said was. This bothered my roommate; she had worked hard at her past and to see it overlooked so easily hurt her. But I know how to write a resume and I continued. Words followed, and laughs; a spring was being drawn to its limit. I wanted to quit. So did she. But we didn't. She worked at Bibb's Restaurant. I could see her in a Bibb's Restaurant uniform complete with flare and a laminated sheet reminding her what to say to guests. I laughed. She cried. This was not my intention. Childishness overtook the both of us in a display of slammed doors and promised grudges. Yes, she was worth something, she had done good things, I knew this. She knew this. She did not think I knew this. Maybe her day was not so wonderful as mine had been and her spirit was not jumping rope and joking this afternoon. But I hated her. She had quickly become a bitch and punched me in the heart so that I had no wind left to keep up my kite. At barely half past four in the evening we very abruptly ended the project, me very stubbornly collecting ten euros for half of a twenty-euro effort.